Christine Ettrich

Konzentrations-trainings-Programm für Kinder

III: 3. und 4. Schulklasse

2., durchgesehene Auflage

Vandenhoeck & Ruprecht

Bibliografische Information Der Deutschen Bibliothek

Die Deutsche Bibliothek verzeichnet diese Publikation in der
Deutschen Nationalbibliografie; detaillierte bibliografische Daten
sind im Internet über <http://dnb.ddb.de> abrufbar.

ISBN 3-525-45811-8

© 2004, 1998 Vandenhoeck & Ruprecht in Göttingen.
Internet: www.vandenhoeck-ruprecht.de
Alle Rechte vorbehalten. Das Werk und seine Teile
sind urheberrechtlich geschützt. Jede Verwertung in anderen
als den gesetzlich zugelassenen Fällen bedarf der vorherigen
schriftlichen Einwilligung des Verlages. Hinweis zu § 52a UrhG:
Weder das Werk noch seine Teile dürfen ohne vorherige
schriftliche Einwilligung des Verlages öffentlich
zugänglich gemacht werden. Dies gilt auch bei
einer entsprechenden Nutzung für Lehr- und
Unterrichtszwecke.
Printed in Germany.
Satz: Text & Form, Garbsen.
Druck und Bindung: Hubert & Co., Göttingen.

Inhalt

Vorwort 7

Zum Entwicklungsstand des Kindes
in der 3. und 4. Schulklasse _____ 11
Allgemeine Entwicklung 11
Körperliche und motorische Entwicklung 13
Kognitive Entwicklung 15
   Entwicklung von Denken und Sprache 15
   Entwicklung von Aufmerksamkeit und
   Konzentration 17
Soziale und emotionale Entwicklung 19

Konzentration und Konzentrationsstörungen _____ 21
Was ist Konzentration? 21
Was versteht man unter Konzentrationsstörungen? 23
Häufigkeit des Auftretens von Konzentrationsstörungen 24
Ursachen von Konzentrationsstörungen 25
   Hirnorganische und hirnphysiologische Konzepte 25
   Genetische Ursachen 26
   Allergologische Konzepte 26
   Neurotische Leistungshemmungen 27
   Soziale Faktoren 28
   Zusammenfassung 29

Das Erscheinungsbild des konzentrationsgestörten
Kindes und die Diagnostik von Konzentrationsstörungen _____ 31
Erscheinungsbild 31
Zur Diagnostik von Konzentrationsstörungen 33

Konzentration und Hyperkinetisches Syndrom 51
Was versteht man unter dem Hyperkinetischen Syndrom? 51
Wie äußert sich das Hyperkinetische Syndrom? 52
Woher kommt das Hyperkinetische Syndrom? 53
Diagnostik des Hyperkinetischen Syndroms 54
    Wie wird die Diagnose gestellt? 54
    Wann wird die Diagnose gestellt? 55
Therapeutische Möglichkeiten des Hyperkinetischen
Syndroms 55
Verlauf und Prognose 57

Konzentration und Schulerfolg _____ 58

Therapie von Konzentrationsstörungen _____ 62
Trends in der Psychotherapie von Konzentrations-
störungen 62
Kombination von Behandlungsansätzen 66

Aufbau des Konzentrationstrainings-Programms _____ 73

Therapeutische Prinzipien _____ 78
Grundsätzliches 78
Ergänzende Hinweise 85

Trainingsaufgaben und Durchführungsanleitung _____ 93

Erfahrungen mit diesem Programm _____ 155
Untersuchungen zur therapeutischen Effizienz des
Konzentrationstrainings-Programms 155
Langzeiteffekte bei der Therapie von Konzentrations-
störungen mittels des Konzentrationstrainings-Pro-
gramms 158
Ambulante Erfahrungen mit dem Konzentrations-
trainings-Programm 159

Literatur _____ 162

Vorwort

Universität Leipzig
Fachbereich Psychologie

Wilhelm Wundt

Tieckstraße 2
04275 Leipzig

Betrifft: Konzentrationstrainings-Programm

Sehr geehrter Herr Wundt,

ich möchte Sie bitten, mir das „Konzentrations-trainings-Programm für Kinder von 6-10 Jahren" zuzuschicken. Seit geraumer Zeit bin ich Beratungslehrer ▬▬▬▬▬▬▬▬▬▬▬ Den Hinweis auf das Programm und Ihre Adresse erhielt ich durch den Schulpsychologen.

Vielen Dank für Ihr Bemühen.

Mit freundlichem Gruß

▬▬▬▬

Liebe Nutzer dieses Programms,

nachdem neben vielfach geäußerten Wünschen nach einer Wiederauflage des Konzentrationstrainings-Programms nun auch noch der oben abgedruckte Brief, adressiert an den vor mehr als 70 Jahren verstorbenen Begründer der akademischen

Psychologie, WILHELM WUNDT, die Autoren erreichte, hielten diese doch die Zeit für gekommen, sich um eine Neuauflage zu bemühen.

Die Autorin dieser Auflage bedankt sich bei den Mitarbeitern der ersten und zweiten Ausgabe HARALD BARCHMANN, KLAUS UDO ETTRICH, WOLFRAM KINZE und KONRAD RESCHKE für das in sie gesetzte Vertrauen, glaubt dies aber dadurch rechtfertigen zu können, dass sie in den vergangenen Jahren die beiden Programme für das Grundschulalter (1. und 2. Klasse, 3. und 4. Klasse) einer gründlichen Überarbeitung und erneuten Praxiskontrolle sowie wissenschaftlichen Evaluation unterzogen hat und gleichzeitig erste Vorschläge für ein Konzentrationstrainings-Programm für das Vorschulalter bis hin zu einem fertigen Programm bearbeitete und sowohl praktisch als auch wissenschaftlich kontrolliert erprobte.

Das Konzentrationstrainings-Programm in seinen drei altersgestaffelten Teilen soll all denen eine Hilfe sein, die beruflich und privat mit konzentrationsauffälligen Kindern zu tun haben, also Klinische und Pädagogische Psychologen, Schulpsychologen, Beratungslehrer, Vorschulpädagogen und Ärzte (besonders Kinderärzte und Kinder- und Jugendpsychiater), aber natürlich auch Eltern, die die Entwicklung ihres Kindes fördern wollen.

Gedankt sei an dieser Stelle den vielen kleinen Patienten, die seit Mitte der achtziger Jahre von unserem Konzentrationstrainings-Programm Hilfe bekamen und von denen wir lernen konnten, wie wir ihnen effektiv zur Seite stehen können.

Gedankt sei meinen Diplomanden und Doktoranden, die sich in ihren wissenschaftlichen Arbeiten sowohl mit theoretischen Konzepten von Konzentration und Konzentrationsstörungen als auch mit der praktischen Anwendbarkeit der drei Varianten des Konzentrationstrainings-Programms beschäftigten. Gedankt sei allen Eltern, die ihre Kinder an der Erprobung des Konzentrationstrainings-Programms für Vorschulkinder teilnehmen ließen und den Kindern, die auf diese Weise in jeweils 20 Trainingseinheiten meist recht lustvoll »Schule spielten«.

Und damit ist das Stichwort gegeben für das, was das vorliegende Konzentrationstrainings-Programm auch und vor allem will: Es will durch Verbesserung der konzentrativen Fähigkeiten und damit der Leistungsfähigkeit die Kinder in erster Linie dazu befähigen, die eigenen Ressourcen sinnvoll einzusetzen und durch Aneignung eines effektiven Arbeitsstils Vertrauen in das eigene Vermögen zu gewinnen, selbst und fremd gestellte Aufgaben auf lustvolle Weise zu bewältigen.

Insofern kann und will dieses Programm mehr sein als ein Trainingsprogramm konzentrativer Fähigkeiten, es kann über den Weg der lustbetonten Aufgabenhaltung zu einem Baustein für die gesunde Entwicklung unserer Kinder werden.

In gleicher Ausführung liegen vor:

Konzentrationstrainings-Programm für Kinder,
I: Vorschulalter

Konzentrationstrainings-Programm für Kinder,
II: 1. und 2. Schulklasse

Nichts ist so vollkommen, als dass es nicht verbessert werden könnte: Über Rückmeldungen, ergänzende Ideen, persönliche Erfahrungen mit dem Programm würde ich mich im Interesse der Kinder, die unserer Hilfe bedürfen, sehr freuen.

Ich wünsche allen Kindern und »Trainern« viel Freude mit diesem Programm.

CHRISTINE ETTRICH

Zum Entwicklungsstand des Kindes in der 3. und 4. Schulklasse

Allgemeine Entwicklung

In der dritten und vierten Klasse haben sich die Kinder den Zugang zu den Kulturtechniken im Lesen, Schreiben und Rechnen insoweit erschlossen, als sie sie nunmehr immer besser zum weiteren selbstständigen Wissenserwerb einsetzen können. Insbesondere die Möglichkeit des Lesens eröffnet den Kindern den Zugang zur Kinder- und Jugendliteratur. Altersgemäß gestaltete Kinder- und Abenteuerliteratur findet bei den Schülern der 3. und 4. Klasse reichen Zuspruch. Auch kindgemäß aufbereitete Sachbücher zum Beispiel über biologische Vorgänge, über Technik und Geschichte werden von den Kindern auch unabhängig vom Schulstoff aufgegriffen und in ihr Bild von der Welt einbezogen. Die dingliche Welt, Versuche, die Ursachen, Hintergründe und Beziehungen für oder zwischen Naturerscheinungen zu verstehen, nehmen einen breiten Raum des Erkenntnisstrebens ein.

Vielfach wollen Kinder der 3. und 4. Klasse etwas »Richtiges« machen; dies führt dazu, dass sie malen, gestalten, modellieren, konstruieren, Modelle anfertigen, ja auch »Buden bauen« und vieles mehr. Bei ihnen dominiert zum einen die Freude am Tun selbst, zum anderen aber auch das zielbezogene Handeln. Das Produkt soll fertig werden, es soll eine (seine) Funktion erfüllen. Solche Arbeiten werden gern mit Gleichaltrigen ausgeführt (»Teamwork«). Jungen und Mädchen sind in dieser Altersstufe meist noch gute gemeinsame Spielkameraden. Dieses »werkorientierte Verhalten« – vor allem die Zielbezogenheit des Tuns – muss sich nicht in gleichem Maße auf das schulische Lernen beziehen.

Die Erfahrungen der Kinder in den ersten Schuljahren haben sie auch das Spannungsfeld von »Hoffnung auf Erfolg« und »Furcht vor Misserfolg« erleben lassen. Sie haben erfahren, dass Fleiß und Fleißig-Sein erwünschte Verhaltensweisen in der Schule sind und dass diese Verhaltensweisen im Allgemeinen Aussicht auf schulischen Erfolg bieten. Ein Teil der Kinder hat aber auch erleben müssen, dass die erhöhte Einsatzbereitschaft nicht zum Erfolg führt, dass sich trotz bester Absichten Misserfolge einstellen. Treten sie gehäuft auf, entsteht ein massives Minderwertigkeitserleben, was zu einem bewussten oder unbewussten Ausweichverhalten gegenüber schulischen Anforderungen führt. Derart frustrierte Kinder fertigen beispielsweise ihre Hausaufgaben nicht mehr selbstständig an, sondern nur noch unter Mithilfe der Eltern, unter deren Anleitung und Aufsicht. Die Kinder stellen sich beispielsweise beim Lernen eines Gedichtes nicht mehr auf das Behalten-Wollen ein, das folgende Nicht-aufsagen-Können dient dann als »Beleg« für ein schlechtes Gedächtnis. Andere Kinder dieser Altersgruppe werden, wie viele Lehrer berichten, vor angekündigten Leistungskontrollen (Klassenarbeiten) krank. Dies ist nicht immer nur eine Ausrede, sondern die Angst vor dem Versagen lässt diese Kinder schlecht schlafen, verdirbt ihnen den Appetit, führt bei manchen zu Brechanfällen oder zu Durchfällen, sodass sie, objektiv betrachtet, auch tatsächlich krank sind. Wir sprechen dann von einer psychosomatischen Erkrankung als Folge eines tatsächlich existierenden Überforderungssyndroms (Diskrepanz zwischen intellektuellen Voraussetzungen und schulischen Anforderungen) oder von einem individuell-subjektiven Überforderungssyndrom. Dem Kind genügen seine eigenen Leistungen nicht. Es hadert mit sich selbst, wenn es seinem individuellen Leistungsanspruchsniveau nicht genügt. Eine »Zwei« wird beispielsweise als persönliche Niederlage erlebt. In eigenen Untersuchungen konnten wir zeigen, dass ein Teil der Schüler in der vierten Klasse schon ein Verhaltens- und Wertemuster herausgebildet hat, welches für das Erwachsenenalter als Stress-Typ-A-Syndrom in die Literatur eingegangen ist. Diese Kinder sind hoch leistungsmotiviert, zeigen ein ausgesprochenes Pflichtbewusstsein und meist sehr gute Leistungen. Dies sind Verhaltensweisen, die in unserer Gesellschaft hoch geschätzt werden. Übersehen wird dabei, dass sich diese Kinder in einem permanent gesteigerten physiologischen Aktivitätsniveau befinden, das in der Zukunft mit Bluthochdruck und seinen Folgeerscheinungen bezahlt werden muss, weil sie sich nicht richtig entspannen und erholen können.

Dieses Verhaltensmuster ist in der Mehrzahl der Fälle nicht durch permanente Forderungen der Eltern oder Lehrer nach hohen Leistungen entstanden oder wird durch solche Forderungen aufrechterhalten, sondern ist intrinsisch motiviert und wird durch das Selbststeuerungssystem der Kinder aktiviert.

Körperliche und motorische Entwicklung

Beim Schulkind der 3. und 4. Klasse ist der erste Gestaltwandel abgeschlossen. Die Form des Körperbaus wird entsprechend als Schulkindtyp bezeichnet. In diesem Schulkindtyp deuten sich auch geschlechtsspezifische Unterschiede deutlicher als im vorausgehenden Kleinkindtyp an. Die Körperformen sind harmonisch. Weil dieser Entwicklungsabschnitt mit verringerter Wachstumsgeschwindigkeit verbunden ist, spricht man von einer Latenzphase im körperlichen Entwicklungsgeschehen.

Mit Erreichen der vollen Schulkindform deutet sich bei den neunjährigen Mädchen gegenüber den Jungen ein leichtes Entwicklungsplus im Parameter Gewicht an (Mädchen 28,46 kg; Jungen 28,13 kg), während die Körpergröße für Mädchen und Jungen im Mittel bei 132,2 cm liegt. Bei den Zehnjährigen bezieht sich das Entwicklungsplus der Mädchen auf beide Parameter (Mädchen 34,72 kg und 144,5 cm; Jungen 33,3 kg und 140,3 cm). Dieser tendenzielle Unterschied in Größe und Gewicht wird bis zum 14. Lebensjahr zu beobachten sein.

Die Bewegungen der Kinder wirken harmonisch, die Koordination der Extremitäten ist gut aufeinander abgestimmt. Dies können wir im Alltag, aber vor allem bei verschiedensten Formen des Sports beobachten.

Entscheidende Fortschritte sind in der Feinmotorik festzustellen. Die exakte Auge-Hand-Koordination, die gute Entwicklung der Innervationen der Hand- und Fingermuskulatur lassen sich beim Ausschneiden von Figuren aller Art, beim Labyrinthdurchfahren, bei der rhythmischen Koordination (Taktschlagen) erkennen. Auch die Zielsicherheit und Geschwindigkeit der Greifbewegungen ist ein guter Indikator für den Entwicklungsstand der Feinmotorik. Vielen Kindern gelingt nach einer kurzen Übungsphase auch schon die gleichzeitige Ausführung unterschiedlicher Bewegungsabläufe, so zum Beispiel mit der einen Hand klopfen, mit der anderen Hand über eine Fläche streichen usw. Auch die Koordination von Körperbewegungen und Vestibularapparat (Gleichgewichtssinn) ist gut entwickelt. Beim Stehen mit geschlossenen Augen (ROMBERG-Versuch) zeigt sich die gute Kontrolle der Kinder über ihren Körper. Beim gesunden Kind sind hierbei keine Pendelbewegungen oder Fallneigungen zu erkennen. Auch bei vielen sportlichen Betätigungen ist die ausgezeichnete Koordination der Bewegungsabläufe zu sehen. Beim Turnen können sie sich mit Unterstützung ihrer Lehrer oder Übungsleiter sogar mental Bewegungsabläufe vergegenwärtigen, sie erleben die Bewegungsabläufe und haben dabei auch entsprechende Bewegungsempfindungen für Handlungsabläufe, die sie später ausführen werden.

Dies deutet darauf hin, dass sich die motorischen Funktionsbereiche im Zentralnervensystem weiter differenzieren und sich spezielle »funktionelle Organe« (LEONTJEW 1973; LURIA 1970) herausbilden, die immer wiederkehrende Bewegungsabläufe zuverlässig und selbstständig (automatisch) steuern. Die Herausbildung solcher funktionellen Organe führt dazu, den energetischen Aufwand und den Anteil der bewussten Verhaltenssteuerung zu verringern und solche »Funktionsmodule« leichter mit anderen zu kombinieren und in andere Handlungsabläufe zu integrieren. Diese Integration von Funktionsmodulen ist, wie an den genannten Beispielen dargestellt, ab dem neunten Lebensjahr sicher zu beobachten.

Kognitive Entwicklung

Entwicklung von Denken und Sprache

Unter dem Einfluss des systematischen Lernens entwickeln sich im Allgemeinen die kognitiven und sprachlichen Fähigkeiten und Fertigkeiten der Kinder recht schnell. Schüler der dritten und vierten Klasse können nun sicher Klassifikationen und Gruppierungen von Dingen und vorstellbaren Objekten unter Berücksichtigung der natürlichen Eigenschaften der Dinge, zum Beispiel Größe, Härte, Verwendungszweck (im Sinne wesentlicher Merkmale) vornehmen. Sie haben auch gelernt, dass bei diesen Gruppierungen bestimmte Eigenschaften, wie beispielsweise Form oder Volumen, als unwesentliche Eigenschaften zu betrachten sind und – und dies halte ich für die entscheidende Erkenntnis – dass das, was als wesentlich oder unwesentlich zu betrachten ist, nicht ein für alle Mal festgeschriebene Eigenschaften sind, sondern deren Bewertung vom Gegenstand der Analyse abhängig ist. Diese Einsicht ist eine grundlegende Erkenntnis, die Einfluss auf die Flexibilität der Denkvorgänge und der von ihr gesteuerten Handlungen nimmt.

Die Möglichkeit zur Klassen- und Kategorienbildung erlaubt den Kindern die »additive Komposition der Klassen« (PIAGET) und damit den Aufbau von Begriffssystemen und Ordnungssystemen im dinglichen Bereich und der Handlungssteuerung.

Gerade bei der Begriffsbildung wird deutlich, dass ab dem 9. Lebensjahr der Anteil an subjektbezogenen Charakterisierungen zugunsten einer objektivierenden Charakteristik stark abnimmt. Dabei fällt den Kindern die Begriffsbestimmung durch Angabe des Oberbegriffs ohne spezifische Merkmale am leichtesten (z. B.: Der Tisch ist ein Möbelstück). Fragt man nach, sodass sie zur Differenzierung genötigt werden, erhält man immer präzisere Antworten (z. B.: Der Tisch ist ein Möbelstück, an dem man sitzen kann. Der Tisch ist ein Möbelstück, an dem man sitzen kann, um zu essen, Hausaufgaben zu machen oder zu spielen. Der Tisch ist ein Möbelstück, an dem man sitzen kann, seine Form (rund, eckig), die Zahl seiner Beine (vier, drei) sind für diese Charakterisierung ohne Bedeutung).

Der Wortschatz der Kinder wird ständig durch den Unterricht, durch eigenständiges Lesen und auch durch die Medien erweitert. Dabei ist ein zunehmender Gebrauch von Fremd- und Modewörtern festzustellen. Von Bedeutung ist hierbei, dass die Kinder diese Wörter im Kontext meist richtig verwenden, dass jedoch die Anwendung dieser Begriffe sich auf eine Ahnung ihres Inhalts, aber nicht auf eine präzise Begriffsbestimmung stützt. Lehrern und Eltern wird dies meist erst über den Falschgebrauch dieser Wörter deutlich. Aus diesem Grunde, um dem Aufbau falscher Wissenssysteme vorzubeugen, sollte gezielt auch der Inhalt von Fremd- und Modewörtern, mit denen Kinder umgehen, thematisiert werden.

Im Rahmen des Mathematikunterrichtes haben die Kinder die Grundoperationen wie Addition, Subtraktion, Multiplikation und Division und deren Anwendung auf so genannte Text- oder Sachaufgaben kennengelernt. Ihr konkret-operationales Denken wird durch die Bewusstmachung relationaler Beziehungen (kommunikative, assoziative und distributive Operationen) nicht nur für die spezielle Anwendung im Bereich der Mathematik, sondern als allgemeine Operationen des Denkens wesentlich gefördert. Einen weiteren wesentlichen Einfluss auf das Denken nimmt die Einführung in die Geometrie, weil durch sie die Kombination von Dimensionen die Vorstellungswelt der Kinder bereichert wird.

Auf die Wichtigkeit der anschaulichen Unterstützung aller Denkoperationen soll auch bei Schülern der dritten und vierten Klasse nachdrücklich hingewiesen werden.

Unabhängig vom Schulsystem hat die Intelligenzforschung

zeigen können, dass etwa mit dem 9. Lebensjahr eine Stabilisierung in den intelligenzdiagnostischen Befunden eintritt. Die zu späteren Zeitpunkten bis hin zum 18. Lebensjahr an denselben Kindern und Jugendlichen erhobenen Messwerte korrelieren mit r ≥ 0,80, wodurch recht sichere Prognosen über den Entwicklungsstand intellektueller Fähigkeiten möglich werden.

Entwicklung von Aufmerksamkeit und Konzentration

Mängel in den konzentrativen Fähigkeiten werden von Eltern und Lehrern bei Kindern der dritten und vierten Klasse viel stärker beachtet als bisher, weil man in ihnen (zurecht oder unrecht) die Ursachen von Lernschwierigkeiten der Kinder vermutet. Folgt man Befragungsergebnissen, so steigt der Anteil von konzentrationsgestörten Kindern in der vierten Klasse auf 35 bis 40 % an. Schüler der dritten und vierten Klasse werden auch am häufigsten mit der Verdachtsdiagnose »Konzentrationsstörung« in kinderpsychiatrischen Einrichtungen und kinder- und schulpsychologischen Beratungsstellen zur vertiefenden Diagnostik und Therapie vorgestellt. Die Vorstellung erfolgt umso eher, je stärker das auffällige konzentrative Verhalten (motorische Unruhe, Ablenkbarkeit, sprunghaftes Arbeiten, trödelndes Arbeiten, Nichtbeenden von Aufgaben) mit störendem Sozialverhalten im Unterricht verknüpft ist (Dazwischenreden, Clownerie, Ärgern von Mitschülern, Nichtbefolgen von Anordnungen des Lehrers, Verlassen des Sitzplatzes, Verlassen des Unterrichtsraumes usw.).

In diesem Fall ist neben der psychodiagnostischen Beurteilung der konzentrativen Fähigkeiten abzuklären, ob das auffällige Sozialverhalten seine Ursachen in einer Konzentrationsstörung hat und es sich also als kompensierende Reaktionsbildung entwickelt hat, um die Mängel in den konzentrativen Fähigkeiten und die dadurch entstandenen Ausfälle im individuellen Wissensbestand zu kaschieren.

Es ist aber durchaus möglich, dass die diagnostische Abklärung auf andere Ursachen des sozialen Störverhaltens verweist, nämlich auf gestörte Lehrer-Kind- beziehungsweise Eltern-Kind-Beziehungen oder Schüler-Schüler-Beziehungen.

Häufiger ergibt jedoch die psychodiagnostische Untersuchung, dass sowohl das Bild einer Konzentrationsstörung als auch des gestörten Sozialverhaltens auf einer Diskrepanz von individuellen intellektuellen Voraussetzungen und schulischen Anforderungen beruht. Beide Verhaltensweisen (gestörtes Konzentrationsvermögen und soziale Auffälligkeiten) sind dann Symptom einer Lernstörung. In unserer leistungsorientierten Gesellschaft – und damit auch in der Schule – ist es besser, als unkonzentriert und als Klassenkasper oder Clown dazustehen, denn als dumm oder als Leistungsversager. Hier kann therapeutisch nur dann effektiv geholfen werden, wenn auch Konsequenzen aus der permanenten Überforderungssituation gezogen werden.

Ein echtes Ärgernis für Lehrer sind die wenigen Kinder, die wegen einer intellektuellen Unterforderung konzentrationsauffällig wirken. Diese Kinder spielen und beschäftigen sich mit anderen Dingen oder schauen aus dem Fenster. Werden sie aber aufgerufen, geben sie in der Regel die zutreffende Antwort und zeigen so, dass sie den geforderten Stoff beherrschen und dem Unterricht, wenn auch mit »halbem Ohr« gefolgt sind. In einem solchen Fall kann der Lehrer durch Zusatzaufgaben und gezielte Positionierung dieser Kinder bei der Gruppenarbeit Abhilfe schaffen.

Die dritte Gruppe auffälligen konzentrativen Verhaltens, nämlich die Kinder, die bei durchschnittlichen intellektuellen Fähigkeiten wegen unzureichend entwickelter konzentrativer Fähigkeiten versagen, bedürfen unserer Hilfe, die primär in einer gezielten Behandlung der Konzentrationsstörung besteht.

Über die Entwicklung des quantitativen und qualitativen Aspekts konzentrativer Fähigkeiten liegen nur spärliche empirische Befunde vor. Der Testreihe konzentrativer Fähigkeiten von KURTH (1984) ist zu entnehmen, dass sich die mittlere Mengenleistung von der dritten zur vierten Klasse bei der

Abschreibaufgabe auf 177 %, beim Merken von Tieren auf 118 % und bei der Rechenaufgabe auf 150 % erhöht, während die Relation Fehler zu Mengenleistung (F %) von der dritten zur vierten Klasse nahezu unverändert bleibt.

Die älteren Kinder arbeiten offensichtlich schneller, machen aber gleichzeitig mehr Fehler.

Soziale und emotionale Entwicklung

Etwa ab dritter Klasse ist eine deutliche Zunahme an Selbstständigkeit und eine Stabilisierung des Selbstwertes bei den Kindern zu beobachten. Dieser Prozess beruht nicht zuletzt darauf, dass es die Kinder durch soziale Vergleichsprozesse gelernt haben, sich in Relation zu (vielen) anderen einzuschätzen. Die Fähigkeit zur Selbsteinschätzung erreicht dabei ein beachtliches Niveau.

Im Zusammenhang mit einer Therapiestudie haben wir Schülern dritter Klassen unter Verwendung von Selbstkonzeptskalen die Aufgabe gestellt, einzuschätzen: »wie bin ich?«, »wie möchte ich sein?« und »wie möchte mich Mutti haben?«. Es zeigte sich, dass die Kinder sowohl zwischen dem Selbst- und dem Idealbild als auch zwischen dem Ideal- und dem Fremdidealbild differenzieren konnten.

Untereinander ist im Allgemeinen der Zusammenhalt gut, wenn sich auch schon leistungsorientierte Rivalitäten erkennen lassen. Treffen sich die Kinder dieser Altersgruppe zu informellen Gruppen, dann stehen besonders die Kinder in hohem Ansehen, die Ideenreichtum beim Spielen, bei der Organisation von Veranstaltungen, ja auch bei Streichen zeigen. Aber auch körperliche Vorzüge wie Kraft, Gewandtheit, sportliche Fähigkeiten sind hochgeschätzt und werden angestrebt. Diese Fähigkeitsrangreihen existieren in den Gruppen neben den Rangreihen, bezogen auf schulische Fähigkeiten. Diese Gruppenrangplätze sind für manche Kinder eine Möglichkeit, ihren Selbstwert zu stabilisieren, insbesondere dann, wenn sie zu den schwächeren Schülern gehören.

Sind solche, das Selbstbild stabilisierenden Erlebnisse nicht möglich, ist mit negativen Auswirkungen auf die Leistungsmotivation und die Entwicklung des Selbstbilds zu rechnen, sodass je nach weiterer Umweltkonstellation (zum Beispiel beständige Leistungsforderung, übertriebenes Üben der Eltern mit den Kind) auch psychische und psychosomatische Fehlentwicklungen angebahnt werden. Diese beruhen vor allem darauf, dass negative Emotionen, die mit subjektiv erlebtem Leistungsversagen (»ich habe nicht das erreicht, was ich wollte und sollte«) und objektivem Leistungsversagen (»ich habe tatsächlich versagt, ich habe das schlechteste Ergebnis«) nicht ausgelebt werden können. »Man weint nicht, schreit nicht, zerstört nichts wegen eines schlechten Ergebnisses.« Die negativen Emotionen werden psychosomatisiert oder in Verhaltensauffälligkeiten ausgelebt.

In der dritten, vierten Klasse sehen die Kinder ihre Lehrer deutlich differenzierter. Sie schätzen vor allem Lehrer, die geduldig erklären, sich um die schwachen Mitschüler kümmern und die gerecht urteilen.

Konzentration und Konzentrationsstörungen

Was ist Konzentration?

Über Konzentration, Konzentrationsfähigkeit und Konzentrationsstörungen gibt es umfangreiche Literatur, die vom Altertum bis in unsere Zeit reicht.

Häufig werden die Begriffe »Konzentration« und »Aufmerksamkeit« synonym verwendet. Im englischen Sprachgebrauch deckt der Begriff »attention« die Bedeutungen beider Begriffe ab.

Im deutschen Sprachraum gibt es jedoch immer wieder Versuche, das Spezifische beider Begriffe herauszuarbeiten. Im Wesentlichen wird dabei Konzentration als Steigerungsform der Aufmerksamkeit (vgl. RAPP 1982), als vom Willen gesteuerte Aufmerksamkeit, die willentliche Eingrenzung der Aufmerksamkeit auf ein bestimmtes Objekt (KNEHR und KRÜGER 1976), die Einstellbarkeit auf fremd gesetzte Aufgaben, die sowohl den intellektuellen Voraussetzungen als auch den alterstypischen Besonderheiten des Kindes angepasst sind (DRUMMER 1994), betrachtet.

Auch aus Sicht der Autorin ist Konzentration eine Fähigkeit, die auf der Grundlage von Aufmerksamkeit das Bewusstsein eines Menschen in einem Brennpunkt sammeln kann. Voraussetzungen für die Möglichkeit zur Konzentration sind Antrieb, Motivation, Interesse, Ich-Entwicklung, energetische Voraussetzungen.

Die Aufmerksamkeit muss also auf ein bestimmtes Objekt fokussiert werden, sodass dieses Objekt (z. B. eine bestimmte Aufgabe) klar ins Blickfeld tritt. Zerstreutheit, Gedankenflucht und Abgleiten werden durch die Fähigkeit, sich zu konzentrieren, ausgeschaltet.

Was bedeutet das?

Jüngere Kinder tendieren dazu, sich stark von inneren und äußeren Reizen lenken, ja ablenken zu lassen. Im Verlauf der Entwicklung wird diese unwillkürliche Form der Aufmerksamkeit immer mehr zugunsten einer zielgerichteten, willkürlichen Aufmerksamkeit »umgebaut«. Diese wiederum ist die Voraussetzung dafür, sich zu einem bestimmten Zeitpunkt auf eine bestimmte Aufgabe einstellen zu können, und dies unter Ausblendung aller übrigen Reize.

Diese Haltung entsteht nicht aus der Lust am *Tun* (Lösen der Aufgabe), sondern vor allem aus der Lust auf oder am *Erfolg* (ich kann diese Aufgabe lösen, ich habe die Aufgabe gelöst!).

Maximale Konzentration ist energetisch aufwendig, daher müssen Konzentrations- und Entspannungsphasen einander abwechseln und dies in umso rascherer Folge, je jünger das Kind ist. Unser Gehirn arbeitet so, dass dies gewährleistet ist und schützt sich damit vor Überlastung.

Lehrer, Erzieher und Eltern sind gut beraten, wenn sie bei der Unterstützung zum konzentrativen Arbeiten diesen Grundsatz beherzigen und keine »Dauerkonzentration« erwarten, sondern Zeit zum Erholen gewähren. Diese Zeit wird besonders dann effektiv genutzt, wenn sie Zuwendung und Lob für die eben gelöste Aufgabe enthält (Bekräftigung des gezeigten Verhaltens) und gleichzeitig Motivation für die nächste Aufgabe aufbaut. Die Zahl und die Zeitdauer der auf diese Weise nacheinander zu lösenden Aufgaben steigt mit zunehmendem Lebensalter, ist aber insgesamt begrenzt und individuell unterschiedlich. Das heißt, auf eine bestimmte Zeit, in welcher konzentrative und entspannte Phasen in relativ rascher Folge wechseln, die Aufmerksamkeit aber auf ein bestimmtes Gebiet gerichtet blieb, muss eine Erholungsphase für die Aufmerksamkeit folgen, indem diese beispielsweise auf ein anderes Gebiet gelenkt oder eine Pause gemacht wird.

Jede erneute konzentrative Phase muss von diesem Ausgangs-Niveau wieder aufgebaut werden. Erwachsene haben gelernt, sich erneut zu motivieren und zu konzentrieren. Für Kinder ist eine Bezugsperson (Eltern, Kindergärtnerin, Lehrer), die hilft, eine erneute Konzentrationsphase einzuleiten und diese steuert, sehr wichtig.

Was versteht man unter Konzentrationsstörungen?

Ausgehend von den im vorhergehenden Abschnitt genannten Begriffsbestimmungen für Konzentration ist als Konzentrationsstörung per definitionem all das aufzufassen, was das beschriebene willkürliche Fokussieren auf ein bestimmtes Objekt, auf eine bestimmte Aufgabe bei gleichzeitiger Ausschaltung der bewussten Wahrnehmung aller Nebenreize verhindert.

BARCHMANN u. a. (1988) definieren Konzentrationsstörungen als »Leistungsminderung bei Aufgaben, die ein kontinuierliches Lösungsbemühen über einen längeren Zeitraum voraussetzen und dabei dem intellektuellen Leistungsvermögen des Kindes angepasst sind«.

Obgleich Aufmerksamkeits- und Konzentrationsstörungen im Vorschulalter eher toleriert werden als in der Schule und Leistungsdefizite noch nicht die entscheidende Rolle spielen, fallen doch charakteristische Merkmale in der Arbeitsweise und im Verhalten konzentrationsgestörter Kinder schon frühzeitig auf.

– Die *Arbeitsweise* zeigt folgende Abweichungen (WAGNER 1981): nachlässiges, fehlerhaftes und ungenaues Arbeiten, die Tätigkeiten (z. B. bestimmte Spiele, Aufgaben innerhalb der Gruppenarbeit u. a.) sind wenig planvoll und werden häufig nicht zu Ende gebracht, vorschnelle Problemlösungen werden gesucht, Instruktionen nicht beachtet oder vergessen, besonders nach längerer Beanspruchung zeigt sich ein starker Leistungsabfall und eine Fehlerzunahme.
– Im *Verhalten* ist eine nur geringe Kontinuität zu beobach-

ten, Handlungsabsichten werden nicht ernsthaft verfolgt, die Kinder erscheinen wie aufgezogen, sie sind unruhig, leicht ablenkbar und arbeiten wenig mit, häufig wird ihr Verhalten als aversiv erlebt, was zu Konflikten und Beziehungsstörungen führt (LAUTH und SCHLOTTKE 1995).

Konzentrationsstörungen können bei den unterschiedlichsten Krankheitsbildern und Fehlentwicklungsformen auftreten. Sie sind unter anderem ein Kardinalsymptom des gegenwärtig in Forschung und Praxis vielbeachteten Hyperkinetischen Syndroms, dem aus diesem Grund ein eigenes Kapitel (S. 51 ff.) gewidmet wird.

Häufigkeit des Auftretens von Konzentrationsstörungen

Angaben verschiedener Autoren machen deutlich, wie verbreitet das Phänomen der Konzentrationsstörung ist. So geht BUSEMANN (1959) von Konzentrationsstörungen bei 12 – 13 % der Normalschulkinder und bei 45 % der zur Erziehungsberatung vorgestellten Kinder aus. LÖWE (1964) beschreibt gar 38,5 % der Schüler der 2. – 8. Klasse als konzentrationsauffällig.

Nach Untersuchungen von BARCHMANN (1983) an 338 Normalschulkindern stellten sich 24 % als konzentrationsgestört heraus. In einer Lehrerbefragung von KOSSOW und VEHRESCHILD (1983) wurden 13 – 15 % der Schüler als konzentrationsgestört eingeschätzt. KUNZE (zit. nach BARCHMANN 1983) schildert in 75 – 80 % unbefriedigende konzentrative Leistungen bei versagenden Schulkindern.

ETTRICH (1989) geht von einem Anteil von 10 bis 15 % kozentrationsauffälliger Kinder im Alter von 3 bis 6 Jahren aus.

Die unterschiedlichen Angaben zur Epidemiologie sind auf verschiedene Erfassungsmethoden (Tests, Befragungen), auf die Spezifik der Stichproben sowie unterschiedliche Beobachtungs- und Bewertungskriterien zurückzuführen.

Ursachen von Konzentrationsstörungen

Hirnorganische und hirnphysiologische Konzepte

Heute ist allgemein anerkannt, dass Konzentrationsstörungen durch prä-, peri- oder postnatale Hirnschädigung verursacht werden können. Über den Stellenwert dieser Faktoren gehen die Meinungen allerdings auseinander. GÖLLNITZ (1981) beschreibt Konzentrationsstörungen als Auswirkung der leichten frühkindlichen Hirnschädigung im Rahmen des von ihm so bezeichneten »Hirnorganischen Achsensyndroms«. LEMPP (1964) bezeichnet das resultierende Krankheitsbild als »Kindliches exogenes Psychosyndrom«. Das in den 70er Jahren häufig propagierte MCD-Konzept (Minimal Cerebral Dysfunction) mit Symptomen wie gesteigerte Reizoffenheit, Hyperkinese, Affektlabilität und Distanzminderung gilt heute als zu unspezifisch.

Bei der Beurteilung des Einflusses hirnorganischer Ursachen mangelt es bislang an dem Nachweis, welche zentralnervösen Funktionen beeinträchtigt sind. Diskutiert werden diencephale Dysfunktionen oder eine Imbalance von ZNS-Erregung und ZNS-Hemmung, besonders im Bereich des Frontalhirns.

Neurochemische Hypothesen (WENDER 1971) machen Störungen in der Metabolisierung biogener Amine verantwortlich, was zu einem Ungleichgewicht der Neurotransmitter führen soll. Hierdurch wiederum könnten Reizübertragungen in den Synapsen beeinflusst werden.

ZAMETKIN u. a. (1990) konnten einen signifikant eingeschränkten Glukosestoffwechsel in bestimmten Hirnarealen bei konzentrationsgestörten Patienten im Gegensatz zu Gesunden nachweisen. Die Stoffwechselstörung ist nach Zametkin verantwortlich für eine Dysbalance erregender und hemmender Zentren im Gehirn.

Genetische Ursachen

Ein konkreter Vererbungsmechanismus konnte bislang nicht gefunden werden.

Allerdings räumen zahlreiche Autoren einer genetischen Komponente bei der Entstehung von Konzentrationsstörungen eine wesentliche Bedeutung ein. So leiden Eltern dieser Kinder und auch Verwandte zweiten Grades häufig unter solchen Störungen, oder sie berichten von ähnlichen Störungen in ihrer Kindheit (MORRISON und STEWART 1971; CANTWELL 1975). Die Zwillingsforschung hat nachgewiesen, dass eineiige Zwillinge hinsichtlich ihres allgemeinen Aktivitätsniveaus stärkere Übereinstimmung zeigen als zweieiige (WILLERMANN 1973; GOODMAN und STEVENSON 1989). »Dabei erscheint es durchaus möglich, dass aus gleichen genetischen Wurzeln entwicklungstypische Symptomwandlungen hervorgehen. So werden genetische Beziehungen zwischen Hypermotorik im Kleinkindalter, Konzentrationsstörungen im Schulalter und Neigung zu Aggressivität und Alkoholmissbrauch im Erwachsenenalter angenommen« (LONEY 1980, zit. nach KINZE und BARCHMANN 1990).

Allergologische Konzepte

Wie eingangs dargestellt, bedeutet Sich-Konzentrieren die Fokussierung auf ein bestimmtes Objekt oder eine bestimmte Aufgabe bei Ausschaltung aller Nebenreize. Da im Kindesalter bei Allergien in der Hauptsache Haut und Schleimhäute betroffen sind, die mit ihren Symptomen die bewusste Einstellung auf fremdgesetzte Aufgaben erschweren, ist es nur zu verständlich, dass auch allergologische Gesichtspunkte für die Verursachung von Konzentrationsstörungen in Betracht gezogen werden müssen.

Die durch FEINGOLD (1975) begründeten Konzepte gehen von allergischen Reaktionen des Organismus auf Nahrungszusatzstoffe wie etwa Phosphate, Salicylate, künstliche Farbstoffe aus. Die Symptome sollen über die Freisetzung neuropeptidartiger Substanzen durch von Allergenen provozierte Enzymmängel oder immunologische Überreaktionen zustande kommen (FRÖLICH 1993). Die mit HAFER (1986) begonnene und in den vergangenen Jahren sehr kontrovers geführte Diskussion über die Möglichkeit der Phosphatintoxikation durch Nahrungsmittel mit ihren Auswirkungen auf den Noradrenalinstoffwechsel und dadurch ausgelöstes hyperaktives Verhalten sind heute weitgehend zum Abschluss gekommen. Andere Forscher gehen von der ursächlichen Bedeutung von Blei bei der Entstehung von hyperkinetischen und damit konzentrativen Störungen aus. WINNECKE u. a. (1989) weisen nach, dass selbst bei mit niedrigen Bleikonzentrationen exponierten Kindern häufiger Aufmerksamkeitsstörungen auftreten. Einen Zusammenhang zwischen längerer Bleiexposition und Konzentrationsdefiziten fanden auch FULTON u. a. (1987) in der Edinburgh-Blei-Studie sowie FERGUSSON u. a. (1993).

In anderen Studien (STEINHAUSEN 1982; TROTT 1993; EGGER 1995) konnten jedoch die von den Anhängern der Allergiehypothese dargestellten Zusammenhänge bisher nicht bewiesen werden.

Neurotische Leistungshemmungen

Konzentrationsstörungen neurotischer Genese können als sekundäre Lernstörungen aufgefasst werden (BARCHMANN 1983). Sie entstehen auf der Basis von gehäuftem Misserfolgserleben und daraus resultierenden Minderwertigkeitsgefühlen. Die Kinder entwickeln als kompensatorischen Mechanismus ein Ausweichverhalten, wozu auch Konzentrationsminderleistungen zu rechnen sind. Das Versagen im konzentrativen Bereich dient dann zur »Entschuldigung« für unzureichende Leistungen bei Lernsituationen.

Das neurotische Geschehen führt nach SPIEL (1973) zum Verlust energetischer Potenzen, der einen Rückgang im Bereich der Leistungsmotivation nach sich zieht.

Solche Lernstörungen können neben der intellektuellen Überforderung ihre Ursachen auch in psychischen Traumata (z. B. Verlustängste), in Liebesentzug oder in Mangel an Geborgenheit und Zuwendung haben. WAGNER (1977) weist in diesem Zusammenhang auf einen Circulus vitiosus hin, wobei sich die neurotische Leistungshemmung über Ängste vor Misserfolg, Misserfolgserwartung und Minderung des Selbstwertgefühls aufrechterhält.

Diesen Circulus vitiosus gilt es, durch eine psychotherapeutische Behandlung zu durchbrechen, dabei kann das vorliegende Konzentrationstrainings-Programm über den Aufbau eines angemessenen Leistungsverhaltens und durch Stärkung des Selbstwertgefühls effektiv helfen.

Soziale Faktoren

Langjährige Forschungen auf dem Hintergrund kontextualistischer Entwicklungstheorien und die klinisch orientierte Risikoforschung haben die Bedeutung psychosozialer Faktoren für die gesunde und auch gestörte kindliche Entwicklung überzeugend herausgearbeitet. Besonders in der frühen Kindheit spielen erzieherische Einflüsse und Auswirkungen des sozialen Umfelds eine große Rolle für eine gesunde oder deviante Entwicklung des Kindes.

Die unmittelbare Entwicklungsumwelt des Kindes entscheidet über seine Lernmöglichkeiten. So werden konzentratives Verhalten und kognitive Stile durch pädagogisch-erzieherische Einflussnahmen von Eltern, Erziehern und Lehrern mitbestimmt (KINZE und BARCHMANN 1990).

In einer Längsschnittstudie zeigten MEYER-PROBST und TEICHMANN (1984) an sechsjährigen Risikokindern, dass mit Zunahme der Anzahl psychosozialer Risiken die Konzentrationsfähigkeit sinkt. Auch andere psychosoziale Faktoren wirken sich ungünstig auf die Entwicklung der Kinder aus, so dissoziale Verhältnisse, schlechte Lebensbedingungen, Arbeitslosigkeit der Eltern, Ehezwistigkeiten und unvollständige

Familienstrukturen (FRÖLICH 1993). Auch eine große Geschwisterzahl, elterliche Kriminalität und psychische Erkrankungen der Mutter sind ungünstige Entwicklungsbedingungen.

Fehleinstellungen der Eltern und Erzieher, wie übergroße Härte oder Verwöhnung, Vernachlässigung oder Unberechenbarkeit dem Kind gegenüber, können Verhaltensstörungen und Konzentrationsprobleme hervorrufen.

Auch werden Veränderungen in den Lebensplänen und Erziehungsvorstellungen der Eltern als Ursache von Verhaltensauffälligkeiten der Kinder diskutiert. So betrachtet LUCKERT (1993) Hyperaktivität und Konzentrationsstörung als eine Zivilisationserscheinung, als eine Zeitkrankheit. Hyperaktivität und Konzentrationsstörungen werden durch die zunehmende Chaotisierung der Familienverhältnisse und den immer häufiger anzutreffenden Selbstverwirklichungsdrang der Eltern, die Missachtung der für das Kind notwendigen Beziehungsstabilität und fehlende emotionale Zuwendung begünstigt.

In diesem Zusammenhang kommt der institutionellen Erziehung im Vorschul- und Schulalter eine zunehmende Bedeutung bei der Kompensation dieser Mangelerscheinungen zu.

Zusammenfassung

Die oben genannten Faktoren können für sich oder in vielfältigen Kombinationen Konzentrationsstörungen verursachen. Eine umfangreiche Diagnostik ist notwendig, um eine gezielte, auf den Einzelfall abgestimmte Behandlung der Kinder zu ermöglichen.

Eine hirnorganische und/oder hirnphysiologische eingeschränkte Leistungsfähigkeit, eine genetische oder allergologische Belastung der Kinder begünstigen Konzentrationsstörungen. Ob und in welchem Schweregrad sich eine solche in der kindlichen Entwicklung manifestiert, hängt sehr stark von der psychosozialen Umwelt ab, von der personal-emotionalen Zuwendung, den entwicklungsgerechten Anregungsbedingungen und der behutsamen Kontrolle des kindlichen Verhaltens.

Im Einzelfall wird also immer zu entscheiden sein, ob eine psychotherapeutische Behandlung einer Konzentrationsstörung durch milieutherapeutische Eingriffe, durch medikamentöse oder durch diätetische Behandlung zu unterstützen ist.

# Das Erscheinungsbild des konzentrationsgestörten Kindes und die Diagnostik von Konzentrationsstörungen

Erscheinungsbild

Von der Phänomenologie her lassen sich zwei Grundmuster der Konzentrationsstörungen unterscheiden (VEHRESCHILD 1983; KINZE und BARCHMANN 1990; DRUMMER 1993):

Typ 1: Die Kinder erscheinen motorisch unruhig, arbeiten hastig, impulsiv, sind reizoffen und leicht ablenkbar. Sie haben kein Interesse an längeren Beschäftigungen oder Spielen, toben am liebsten umher. Wegen des ständigen Störens kommen häufig Klagen vom Umfeld. Die Kinder sind durch Aufforderungen zu steuern, deren Wirkung ist jedoch nicht von Dauer.

Typ 2: Diese Kinder sind ruhig, antriebsarm, träumen vor sich hin, sind lustlos und interessenarm. Auf Aufgaben sind sie meist nur oberflächlich einstellbar. Da sie nicht stören, werden sie eher toleriert als Kinder vom Typ 1. Durch Aufforderungen sind sie kaum zu lenken oder zu beeinflussen.

Zwischen den Gruppen existieren fließende Übergänge. Die Arbeitsergebnisse beider Typen unterscheiden sich kaum. Sie machen vor allem viele Fehler bei Aufgaben, denen sie intellektuell durchaus gewachsen sind (KINZE und BARCHMANN 1990). Typ 1 arbeitet meist sehr schnell, Typ 2 dagegen auffällig langsam. Man spricht bei ihnen von einer Beeinträchtigung des Leistungsgrundtempos.

Die genannten Verhaltensauffälligkeiten zeigen sich in besonderem Maße, wenn vom Kind eine längere Aufmerksamkeitsdauer verlangt wird. Solche Situationen können bei der Gruppenarbeit auftreten, bei der die Kinder nacheinander an der Reihe sind, zwischendurch aber still sein sollen. Daneben fällt das Aufmerksamsein auch bei verschiedenen Spielen, bei Stillbeschäftigungen wie Malen und Basteln oder auch beim gemeinsamen Essen schwer.

In anderen Situationen jedoch, wenn interessante und neue Anregungen geboten werden oder sich eine Einzelperson mit dem Kind beschäftigt, ist die Aufmerksamkeitsstörung kaum oder gar nicht zu beobachten.

Die beschriebenen Verhaltensabweichungen werden häufig durch die Bezugspersonen nicht als Ausdruck einer Störung, sondern als »Ungezogenheit«, »fehlender guter Wille«, »Rücksichtslosigkeit« und »Im-Mittelpunkt-stehen-Wollen« fehlinterpretiert. Die Kinder gelten als störend, unreif und nicht gruppenfähig (LAUTH und SCHLOTTKE 1995).

Auch die Atmosphäre zwischen Eltern und Kind ist oft insgesamt negativer und von kontrollierenden Reaktionen der Eltern geprägt, die schnell eskalieren können. Bestrafungsorientierte Erziehungspraktiken, wie Entzug von sozialen und materiellen Verstärkern, körperliche Bestrafung und eingeschränktes Lob sind häufig (SAILE und GSOTTSCHNEIDER 1995). Hinzu kommen Konflikte im Umgang mit Gleichaltrigen, die den Kontakt häufig meiden oder das aufmerksamkeitsgestörte Kind instrumentell für Störungen nutzen.

Durch die ungünstigere Arbeitshaltung, durch beeinträchtigte Wahrnehmungs- und Verarbeitungsprozesse und fehlende Problemlösungsstrategien kommt es zu Lernbeeinträchtigungen, zu Misserfolgserlebnissen und zu einem negativen Selbstbild, was wiederum zu Vermeidungsverhalten und Selbstunsicherheit führt.

WOHLSCHLÄGER (1988) verweist besonders, um der Symptomvielfalt gerecht zu werden, auf den Leistungsaspekt (Nicht-Können) und auf den Motivationsaspekt (Nicht-Wollen). Im Vorschulalter soll der motivationalen Seite besondere Aufmerksamkeit geschenkt werden, um die Anstrengungsbereitschaft des Kindes zu aktivieren. Rein disziplinierende Maßnahmen, wie Still-Sitzen, Nicht-Zappeln, Nicht-sprechen-Dürfen sind nicht nur meist erfolglos, sie sind zudem auch nicht motivationsfördernd.

Zur Diagnostik von Konzentrationsstörungen

Nachfolgend werden Verfahren und Vorgehensweise bei der Diagnostik konzentrativer Fähigkeiten erläutert. Es wird dabei besonders auf solche Verfahren eingegangen, die für das Vorschulalter relevant sind.

Die psychodiagnostische Beurteilung der Konzentrationsfähigkeit ist für alle Lebensbereiche von Bedeutung, in denen dem Probanden konzentriertes Tätigsein abverlangt wird. Die Aufgaben, die dabei bewältigt werden müssen, sind fremd gesetzt, erfordern vom Probanden Anspannung, Ausdauer und sind zumindest aus der Sicht der Betroffenen wenig lustbetont.

Diese Kennzeichnung konzentrativen Tätigseins trifft für viele Phasen des willkürlichen Lernens zu.

Die Fähigkeit, sich konzentrieren zu können, wird deshalb auch als Basiskategorie des Lernens betrachtet. Sie ist als Werkzeugfunktion der Intelligenz und der Lernfähigkeit anzusehen (vgl. ETTRICH 1988).

Beeinträchtigungen der Konzentrationsfähigkeit wirken sich negativ auf die Prozesse der Informationsaufnahme, auf die Informationsverarbeitung und auf deren Wiedergabe aus.

Die speziellen Verfahren zur Diagnostik der Konzentrationsfähigkeit sind am eingangs skizzierten Modell von konzentriertem Tätigsein orientiert:

1. die zu bewältigende Aufgabe wird an den Probanden herangetragen, er darf diese nicht selbstständig wählen;
2. die abverlangte Tätigkeit stellt an die intellektuellen Fähigkeiten des Probanden nur geringe Anforderungen;

3. die abverlangte Tätigkeit erfordert dagegen Sorgfalt und Ausdauer.

Methoden der Konzentrationsdiagnostik lassen sich in *Verfahren der Verhaltensbeobachtung* und *konzentrationsmessende Verfahren* unterteilen.

Bevor wir uns den konzentrationsmessenden Verfahren (Tests) zuwenden, sei auf *Verfahren der Verhaltensbeobachtung* verwiesen, da diese sowohl von Therapeuten als auch von Eltern, Lehrern und Erziehern zur Basis- und Verlaufsdiagnostik angewendet werden können.

Der CONNERS-Fragebogen ist eine standardisierte Erfassung der Verhaltensbeobachtungen von Eltern, Lehrern und Erziehern, die in Beziehung zu Konzentration und Ausdauer stehen.

Dieser Fragebogen ist universell einsetzbar. Er eignet sich zur Anwendung nicht nur bei unterschiedlichen Personen, sondern auch zur wiederholten Anwendung mit zeitlichem Abstand bei derselben Testperson.

Beide diagnostischen Aspekte sind von großer Bedeutung. Im ersteren Fall erfahren wir, ob das auffällige Verhalten in bestimmten Situationen (Kindergarten, Schule, Elternhaus) oder allgemein auftritt, oder ob das Verhalten des Kindes bei bestimmten Personen anders ist. Hier können wir dann weiter fragen, ob es sein Verhalten steuert, um sich die Zuwendung dieser Person zu sichern, oder ob es die Aufmerksamkeit dieser Person durch besonders auffälliges Verhalten erregen will.

Die Verlaufsbeobachtung zielt auf die Frage der Verhaltensschwankungen (ohne Behandlung) und auf die Erfassung der Verhaltensänderungen unter Behandlung ab.

Verhaltensschwankungen ergeben sich bei manchen Kindern im Tagesablauf (z. B. »nach 12 Uhr ist es mit Hans am schlimmsten«). Bei manchen Kindern beobachten Eltern auch jahreszeitliche Schwankungen. Letztlich wird immer wieder auf institutionelle Einflüsse verwiesen (»nach dem Kindergarten ist Dirk unruhig, unaufmerksam und stört die Geschwister«).

Eltern-Lehrer-Erzieher-Fragebogen
(Kurzform – nach CONNERS 1969, 1973)

Bitte beurteilen Sie das Kind _____
hinsichtlich der aufgeführten Verhaltensweisen!

	überhaupt nicht	ein wenig	ziemlich	sehr stark
	0	1	2	3
1. unruhig oder übermäßig aktiv	( )	( )	( )	( )
2. erregbar, impulsiv	( )	( )	( )	( )
3. stört andere Kinder	( )	( )	( )	( )
4. bringt angefangene Dinge nicht zu einem Ende – kurze Aufmerksamkeitsspanne	( )	( )	( )	( )
5. ständig zappelig	( )	( )	( )	( )
6. unaufmerksam, leicht ablenkbar	( )	( )	( )	( )
7. Erwartungen müssen umgehend erfüllt werden, leicht frustriert	( )	( )	( )	( )
8. weint leicht und häufig	( )	( )	( )	( )
9. schneller und ausgeprägter Stimmungswechsel	( )	( )	( )	( )
10. Wutausbrüche, explosives und unvorhersehbares Verhalten	( )	( )	( )	( )

_____
ausgefüllt von: Mutter/Vater/Lehrer(in)/Erzieher(in)

Eine Beeinträchtigung konzentrativer Fähigkeiten ist immer dann zu vermuten, wenn bei den Beobachtungsmerkmalen 1 bis 6 des CONNERS-Fragebogens die Antworten »ziemlich« und »sehr stark« angekreuzt werden müssen. Aber auch die alleinige deutliche Merkmalsausprägung bei 4 und 6 zeigt die Notwendigkeit einer Therapie des konzentrativen Verhaltens an.

Neben der Kurzform des CONNERS-Fragebogens existiert auch noch eine Langform (abgebildet bei STEINHAUSEN 1982, 1988), bei der ebenfalls Eltern, Lehrer und Erzieher das Verhalten der Kinder einschätzen können. In jüngerer Zeit hat KLEIN (1993) einen Fragebogen zum Hyperkinetischen Syndrom vorgelegt, dem entsprechende Hinweise auf Auffälligkeiten in der Konzentrationsfähigkeit zu entnehmen sind. Mit nur 15 Fragen dürfte auch dieses psychodiagnostische Verfahren gute Chancen haben, sich in der Praxis durchzusetzen.

Die *konzentrationsmessenden Verfahren* sind den »Fachleuten« vorbehalten, allerdings sollten Eltern, Lehrer und Erzieher darüber informiert sein, was mit einem Konzentrationstest abgebildet wird und wie diese zur Diagnosestellung mitverwendet werden können.

Konzentrationstests lassen sich nach unterschiedlichen Kriterien klassifizieren. Nach der Aufgabenart unterscheiden wir:
– Sortiertests,
– Durchstreichtests,
– Rechentests und
– Ordnungs- bzw. Zuordnungstest.

Nach der Zeitdauer, die die Testpersonen einer konzentrativen Tätigkeit ausgesetzt sind, unterscheiden wir:
– Kurzzeit-Konzentrationstests und
– Langzeit-Konzentrationstests

Zu jeder Aufgabenart sollen nachfolgend einige Vertreter, die für Schüler der 3. und 4. Klasse relevant sind, genannt werden:

1. Sortiertests

a) Nach dem Prinzip des Sortiertests ist das Konzentrations-Handlungs-Verfahren von KOCH und PLEISSNER (1984) konstruiert, das insbesondere für jüngere Schulkinder konzipiert wurde. Es besteht aus einem Satz von 80 Karten mit je 24 Bildern, die nach vier Merkmalen zu sortieren sind.

b) Schließlich sei hier auf den Prototyp aller Konzentrations-Handlungs-Verfahren, nämlich dem Konzentrations-Verlaufs-Test von ABELS (1954) verwiesen, der ab 10. Lebensjahr bis ins höhere Erwachsenenalter verwendet werden kann. Der Test besteht aus 60 Karten mit je 25 zweistelligen Zahlen, die nach vier Merkmalen zu sortieren sind.

Bei den Sortiertests wird die Konzentrationsfähigkeit überprüft, indem vom Probanden gefordert wird, auf zwei (oder mehr) Merkmale gleichzeitig zu achten. So bei KOCH und PLEISSNER auf das Auftreten figürlicher Abbildungen und bei ABELS von Zahlen.

2. Durchstreichtests

a) Hier ist zunächst der »Differentielle Leistungstest« von KLEBER und KLEBER zu nennen. Bei ihm sind figürliche Abbilder in Reihen geordnet. Jedes bearbeitete Bild ist mit einem Punkt zu versehen. Bestimmte Bilder müssen durchgestrichen werden. Das Verfahren gibt es in einer Version für Vorschulkinder der ältesten Gruppe und für Schulkinder im Alter von 6 bis 10 Jahren.

b) Der ROSTOCK-BOURDON-Test basiert auf einem Textausschnitt (Schildbürger-Geschichte). In diesem Text müssen alle s und e von den Probanden durchgestrichen werden. Der Text ist ab 2. bis 6. Klasse für die Differentialdiagnostik einsetzbar.

c) Ab dem neunten Lebensjahr bis hin ins Erwachsenenalter ist der d2-Test von BRICKENKAMP (1978) einsetzbar. Im Test müssen die Probanden auf den Buchstaben d achten, der durch 2 Striche apostrophiert wird. Diese können oben oder unten oder je einer oben und je einer unten angeordnet sein.

3. Rechentests

Diese Verfahren setzen sowohl Zahlenkenntnisse als auch Kenntnis einfacher Rechenoperationen (+/–) voraus. Da Letztere auch noch kein intellektuelles Problem für die Probanden darstellen sollen, sind solche Verfahren erst ab dem neunten oder zehnten Lebensjahr einsetzbar.

a) Das bekannteste Verfahren ist der PAULI-Test (ARNOLD 1975), der auf die Arbeitsprobe von KRAEPELIN zurückgeht. Der PAULI-Test besteht im fortlaufenden Addieren von jeweils zwei einstelligen Zahlen über eine Stunde hinweg.

b) Ein weiterer Konzentrationstest, der sich des Rechnens bedient, ist der Konzentrations-Leistungs-Test von DÜKER und LIENERT (1965). Hier sind zunächst zwei Aufgaben im Kopf zu lösen und anschließend ist, je nach Instruktion, die Summe oder die Differenz zwischen den beiden Teilergebnissen zu bilden.

Die beiden zuletzt genannten Verfahren sind gleichzeitig auch Langzeit-Konzentrationstests, während alle vorher genannten und noch zu nennenden Verfahren zur Gruppe der Kurzzeit-Konzentrationstests zu rechnen sind.

4. Ordnungs- und Zuordnungsverfahren

a) Der Zahlenquadrat-Test von JIRASEK gehört zur Gruppe der Ordnungsverfahren. Auf einem Vorlageblatt sind die Zahlen von 1 bis 25 in zufälliger Weise angeordnet. Die Aufgabe der Probanden besteht darin, diese Zahlen in geordneter Weise zu nennen, wobei 10 Folgen absolviert werden müssen.

b) Der Zahlen-Symbol-Test aus dem HAWIK (Hamburg Wechsler Intelligenztest für Kinder) kann ebenfalls als Vertreter der Zuordnungstests genannt werden.

Abschließend sei zur Klassifikationsproblematik bei Konzentrationstests auch darauf verwiesen, dass solche Verfahren auch als Testbatterie konstruiert sein können, die in sich mehrere Materialaspekte vereint. Die Testreihe zur Prüfung der Konzentrationsfähigkeit von Schülern von KURTH (1984) verdient besondere Beachtung, da sie in ihrem Aufgabenmaterial recht gut schulrelevante Anforderungen nachbildet und sowohl als Einzel- als auch als Gruppentest appliziert werden kann.

Abschließend sei zur Klassifikationsproblematik bei Konzentrationstests noch darauf verwiesen, dass solche Verfahren auch als Testbatterie konstruiert sein können, die in sich mehrere Materialaspekte vereint. Die Testreihe zur Prüfung der Konzentrationsfähigkeit (TPK) von Schülern von KURTH (1984) verdient besondere Beachtung, da sie in ihrem Aufgabenmaterial recht gut schulrelevante Anforderungen nachbildet und sowohl als Einzel- als auch als Gruppentest angewendet werden kann. Allerdings sollte dieses Verfahren frühestens bei Schülern der zweiten Klasse eingesetzt werden.

Alle hier genannten Verfahren gehören zur Gruppe der Kurzzeit-Konzentrationstests. Langzeittests wurden für diese Altersgruppe nicht konstruiert. Da es diagnostisch durchaus erforderlich sein kann, eine längere Anforderungsphase bezüglich der Ausdauerleistung zu gestalten, kann man sich behelfen, indem man etwa den KHV mehrmals bei einem Kind durchführt. Dies ist auch dann erforderlich, wenn nicht sicher ist, ob das Kind die Testanforderung als fremd gesetzt erlebt oder sie als ein interessantes Spiel betrachtet, was letztendlich eher die unwillkürliche, denn die willkürliche Aufmerksamkeit aktiviert.

Konzentrationsmessende Verfahren gewinnen ihre Information aus einigen Kennwerten, die als quantitative und qualitative Leistungsparameter bezeichnet werden.

1. Quantitative Parameter

a) *Zeit*: Der Zeitverbrauch im Test gilt als Indikator des individuellen Arbeitstempos, des Leistungsgrundtempos.

b) *Leistungsmenge*: Die gleiche Indikatorfunktion kommt bei allen Tests, die mit einer Zeitbegrenzung arbeiten, der Leistungsmenge zu.

2. Qualitative Parameter

a) *Fehlerzahl:* Sie ist Indikator konzentrativen Arbeitens im Sinne von Sorgfalt, Ausdauer, aber auch Ermüdung.

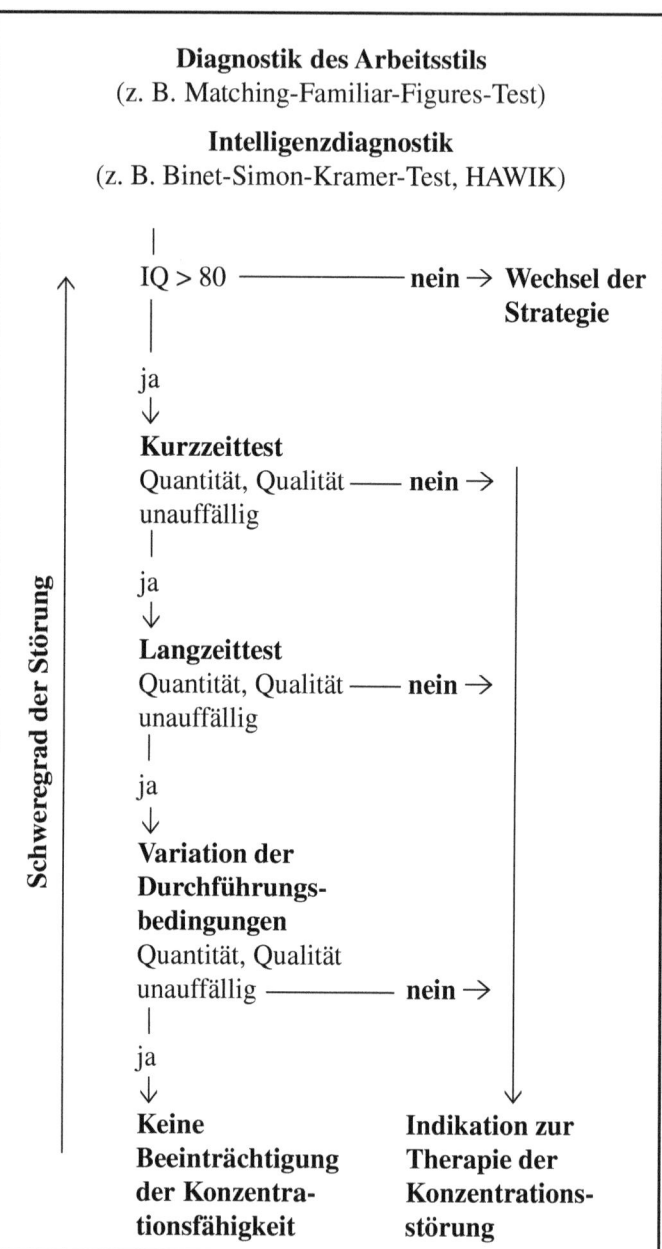

b) *Fehlerprozent* (F %): Das Fehlerprozent wird als Relation von Fehlern und Mengenleistung gebildet. Es gibt Auskunft über die qualitative Leistungseinstellung des Probanden.

c) *Verlaufsparameter:*
- c1) Mengenleistung im Zeitverlauf (Ermüdung, Motivation)
- c2) Fehlerverteilung im Zeitverlauf (Ermüdung, Motivation)
- c3) Schwankungsbreite der quantitativen Leistung (nur bei Tests, die mit Zeitintervallmarkierung arbeiten, anwendbar). Dieser Kennwert wird bestimmt durch die Differenz der Zeitintervalle mit der geringsten und größten Leistungsmenge: $SB_{(Menge)} = I_{max} - I_{min}$
- c4) Schwankungsbreite der qualitativen Leistung $SB_{(F\%)} = I_{F\%max} - I_{F\%min}$

Die Parameter c3 und c4 lassen sich sinnvoll nur bei Langzeit-Konzentrationstests bestimmen.

Vorab einige Anmerkungen zum Ablauf der Differentialdiagnostik:

Der Ablauf der Differentialdiagnostik bei Konzentrationsstörungen ist schematisch in der Übersicht 1 dargestellt und soll nachfolgend erläutert werden:

1. Eine Beeinträchtigung der Konzentrationsfähigkeit im Kindesalter ist nicht allein durch die ausschließliche Anwendung konzentrationsdiagnostischer Verfahren nachweisbar. Immer ist auch eine Analyse des intellektuellen Niveaus notwendig, da bei einem deutlich unterdurchschnittlichen oder gar pathologischen Niveau der Intelligenz die Tätigkeitsanforderungen der Konzentrationstests wie intellektuelle Leistungsanforderungen bewältigt werden und somit Fehlbeurteilungen über diesen Weg möglich sind.

2. Ferner ist eine Analyse des kognitiven Stils im Sinne von Impulsivität und Reflexivität zu empfehlen. Dieser diagnostische Schritt ist über den Matching-Familiar-Figures-Test (MFF) möglich.

3. Bei der Bewertung konzentrativer Leistungen ist dem qualitativen Parameter (Fehler) größere Aufmerksamkeit als dem quantitativen Parameter (Zeit/ Menge) zu schenken. Eine unzureichende Zeit- und Mengenleistung ist bei gleichzeitiger geringer Fehleranzahl erst bei erheblicher Abweichung vom Durchschnitt ein therapieerfordernder Fakt.

4. Eine durchschnittliche Konzentrationsfähigkeit in einem Kurzzeitverfahren ist kein Indiz für eine hinreichende Konzentrationsfähigkeit in anderen Anforderungssituationen. Deshalb muss die Diagnostik um ein Langzeitverfahren ergänzt werden. Da für jüngere Kinder keine speziellen Verfahren dieser Art existieren, lassen sich solche Anforderungen durch die mehrfache Wiederholung von Kurzzeittests hinreichend simulieren.

5. Ergeben sich auch bei Langzeittests in der optimalen Einzelsituation keine Hinweise auf eine Beeinträchtigung der Konzentrationsfähigkeit, ist die Untersuchung unter Variation der Durchführungsbedingungen zu wiederholen:

a) als Gruppentest (wir führen das Verfahren gleichzeitig mit drei oder vier Kindern durch),

b) durch experimentelle Variation (z. B. Tonband mit Schullärm).

Abschließend ist noch darauf zu verweisen, dass im Allgemeinen der Schweregrad einer Konzentrationsstörung umso höher ist, je zeitiger diese im oben dargestellten diagnostischen Prozess sichtbar wird. Dass ferner exakte Informationen über das Verhalten des Kindes in spezifischen häuslichen und schulischen Anforderungssituationen vom Untersucher einzuholen und bei der Diagnosestellung zu berücksichtigen sind, sei nachdrücklich vermerkt.

Schnelles und richtiges Arbeiten wird als konzentriertes Arbeiten definiert. Die Konzentrationsfähigkeit wird in Tests am Ende der Untersuchung aus der Quantität, also der Menge der bearbeiteten Aufgaben oder der benötigten Zeit und der Qualität, also der Fehleranzahl abgeleitet. Ergänzende verfahrensspezifische Erweiterungen in verschiedenen Tests erfassen darüber hinaus auch Parameter wie Ablenkbarkeit, Ausdauer und Gleichmäßigkeit der Leistungen (KURTH 1979; Überblick bei BARCHMANN 1988).

Der Leistungsqualität wird im Allgemeinen die größere Bedeutung beigemessen. BINAS (1973) betont den hohen Stellenwert der Leistungsgüte. Trotz der Priorität von Qualität und Quantität der Testergebnisse dürfen verschiedene andere Aspekte, die diese Parameter beeinflussen können, nicht außer Acht gelassen werden. Zu diesen Faktoren zählen:

1. Motivation

Der Aspekt der Motivation ist für die Diagnostik konzentrativer Fähigkeiten insofern von Bedeutung als es sich um die Übernahme einer fremd gesetzten Aufgabe handelt und dies mit der Absicht, diese Aufgabe unter Einsatz der eigenen Fähigkeiten und energetischen Ressourcen zu lösen (ETTRICH 1991).

Die Anspannungsbereitschaft des Kindes hängt hierbei von der Aufgabe an sich und davon ab, wer sie stellt und wie er sie stellt. KANFER (1989) beschreibt im Kapitel über Veränderungen in der Verhaltenstherapie während der letzten 30 Jahre die zunehmende Bedeutung, die generell Emotionen und Affekten zugebilligt wird. »Es wird heute allgemein anerkannt, dass bei der Triade von Wissen, Können und Wollen letzteres nicht vergessen werden darf« (KANFER 1989).

2. Situative Aspekte

Bei zahlreichen Tests wird nicht hinreichend entschieden, ob die Ergebnisse in der Einzel- oder Gruppensituation gewonnen wurden. Können Kinder in der relativ reizarmen Einzelsituation noch normale Konzentrationswerte aufweisen, sind diese in der Gruppensituation häufig schon abweichend. Unterdurchschnittliche Werte in der Einzelsituation gehen jedoch so gut wie immer auch mit unterdurchschnittlichen Werten in der Gruppensituation einher (BARCHMANN 1983).

3. Anforderungsstruktur und -niveau
Sowohl Aufgaben, die das Kind nur unter großen Anstrengungen lösen kann, als auch solche, die zu einfach und langweilig sind, werden als ungünstig eingeschätzt, da kein adäquates Aktivierungsniveau erreicht wird.

4. Zeitdauer
In Konzentrationstests sollte auch immer die zur Verfügung stehende Gesamtzeit berücksichtigt werden. Von Ergebnissen bestimmter Kurzzeittests ist nicht auf das Konzentrationsvermögen bei längerfristigen Aufgaben zu schließen (KINZE und BARCHMANN 1990).

Speziell zur Prüfung der Effektivität des vorliegenden Konzentrations-Trainings-Programms wurden bei Untersuchungen von mehr als 1000 Kindern der 1. bis 4. Schulklasse verschiedene Verfahren in Prä-Post-Messungen eingesetzt.
  Bei jeder psychodiagnostischen Fragestellung, also auch der Diagnostik der Konzentrationsfähigkeit, ist die Beurteilung der intellektuellen Leistungsfähigkeit des Kindes unerlässliche Vorbedingung, da sich alle weiteren diagnostischen und therapeutischen Bemühungen am intellektuellen Entwicklungsstand des Kindes orientieren müssen. Für die Beurteilung der Intelligenz gibt es eine recht breite Palette psychodiagnostischer Verfahren. Wir beschränken uns hier auf den nachfolgend etwas näher zu besprechenden BSK.

Der Binet-Simon-Kramer-Test (BSK)
Der BINET-SIMON-KRAMER-Test (KRAMER 1954,1972) wurde für die Diagnostik der Allgemeinen Intelligenz von drei- bis fünfzehnjährigen Kindern und Jugendlichen entwickelt.
  Von der Art der Testkonstruktion ist der BSK streng an der von ALFRED BINET kreierten Form des Altersstaffeltests orientiert: eine Anzahl von Aufgaben, die jeweils von 75 % der Kinder eines Altersjahrgangs gelöst, vom nächst niedrigeren Jahrgang von etwa 20 % weniger und vom nächst höheren

Jahrgang um etwa 15 % häufiger gelöst werden, bilden eine Altersreihe.

Die Altersreihe III–V bestehen aus 10 Aufgaben, die Altersreihen VI, VII und VIII aus je acht Aufgaben und die Altersreihen IX und höher aus je sechs Aufgaben. Vom Material- und Anforderungstyp der Aufgaben unterscheidet KRAMER (1954, S. 97) folgende Aufgabengruppen:

a) Figuren nachlegen, zuordnen, wiedererkennen;
b) Mengen- und andere Begriffe, Oberbegriffe;
c) Farben, Tätigkeiten zuordnen, Bilder zusammensetzen;
d) Lücken in Bildern erkennen;
e) Sinnwidrigkeiten in Bildern und Texten erkennen;
f) Konzentrationsaufgaben: Perlen aufreihen, Personenzahl angeben;
g) Analogien finden, Intelligenzfragen beantworten;
h) Geschichten konstruieren aus Bildern oder Stichworten;
i) Zahlenreihen fortsetzen.

Die diagnostischen Vorzüge des BSK ergeben sich aus der an der Welt des Kindes orientierten Aufgabenauswahl, aus der Vielgestaltigkeit des Materials und aus der relativen Beliebigkeit, mit der die ersten Items für die jeweilige Untersuchung eines Kindes aus dem Itempool ausgewählt werden können.

Mit gleicher psychodiagnostischer Intention wurden in dieser Altersgruppe auch nachfolgend genannte intelligenzdiagnostische Verfahren eingesetzt:

– Hamburg Wechsler Intelligenztest für Kinder (HAWIK bzw. HAWIK-R, 1956 bzw. 1983),
– Adaptives Intelligenzdiagnostikum (AID, KUBINGER und WURST 1985),
– Begabungstestsystem von Horn (1969),
– Grundintelligenztest (CFT, CATTELL und WEISS 1971).

Matching Familiar Figures-Test (MFF)
(MFF, KAGAN 1968)
Der MFF besteht aus 12 beziehungsweise 20 Aufgaben, in

denen aus sechs sich nur in einem Detail unterscheidenden Strichzeichnungen diejenige herausgesucht werden muss, die dem einzeln vorgelegten Standardbild genau entspricht (z. B. Zeichnungen eines Teddys, einer Katze, eines Schiffes usw.). Der Test wird mittels standardisierter Instruktion im Einzelversuch ohne Zeitbegrenzung durchgeführt. Die Darbietung erfolgt mit einem quer vor dem Kind liegenden DIN-A4-Heft. Auf der oberen Seite befindet sich das Suchbild (der Standardreiz), auf der unteren Seite sind sechs Bilder dargestellt, von denen eins genau dem Standardreiz entspricht und die weiteren fünf leichte Variationen des Standardreizes darstellen. Neben einer Übungsaufgabe sind 12 beziehungsweise 20 Aufgaben zu bearbeiten.

Bei der Durchführung werden sowohl die Antwortlatenzzeiten je Item (Zeit bis zur 1. Antwort – unabhängig davon, ob sie richtig oder falsch ist) als auch je Aufgabe die Fehleranzahl bis zur richtigen Antwort registriert. Die Antwortlatenzzeiten und die Fehler je Aufgabe werden addiert. Unter Berücksichtigung des Medians der Referenzstichprobe ergeben sich vier Reaktionsmöglichkeiten (langsam-ungenau, langsam-genau, schnell-ungenau, schnell-genau). Von KAGAN (1968) werden nur die reflexive zweite und die impulsive dritte Variante des Arbeitsverhaltens beachtet. Als reflexiv werden in diesem Zusammenhang Kinder bezeichnet, die langsam und genau arbeiten und als impulsiv solche, die schnell und ungenau arbeiten.

Konzentrations-Handlungs-Verfahren (KHV)
KOCH und PLEISSNER (1984)
Auch das Verfahren von KOCH und PLEISSNER wurde von uns im Rahmen des Konzentrationstrainings bei Grundschülern der 1. und 2. Klasse sowohl als eines der Standardverfahren für die Feststellung einer Konzentrationsstörung als auch zum Nachweis des Behandlungsergebnisses (Prä-Postdiagnostik) eingesetzt.

Es besteht aus einem Satz von 80 Karten mit je 24 figürlichen Abbildungen, die nach vier Merkmalen in vier entsprechend gekennzeichnete Fächer zu sortieren sind (*Spitz, Ente, Spitz und Ente, weder Spitz noch Ente*). Eine Besonderheit dieses Tests besteht in einem so genannten Täuschungsfach (Ente). Dieses Merkmal kommt auf den Testkarten allein nicht vor. Durch die Einführung des Täuschungsfaches unterscheiden die Testautoren drei Fehlertypen: Flüchtigkeitsfehler, Doppelfehler und Illusionsfehler. Bei der Fehleranalyse dominieren eindeutig die so genannten Flüchtigkeitsfehler mit etwa 92 %. Eine spezifische diagnostische Bedeutung der Fehlerarten, also die Beantwortung einer Fragestellung, die über die Analyse der konzentrativen Fähigkeiten hinausgeht, ist durch die Fehleranalyse nicht möglich.

Das Verfahren ist dem Lebensalter der Kinder gut angepasst. Die quantitative und qualitative Leistung der Kinder kann anhand von Normwerten beurteilt werden.

Die mittlere Fehlerzahl sieben- bis zehnjähriger Schüler beträgt vier bis sechs Fehler und unterscheidet sich zwischen den Altersgruppen nicht bedeutsam. Allerdings gibt es hinsichtlich der kritischen, also der auffälligen Fehlerwerte zwischen den Siebenjährigen, den Achtjährigen und den älteren Kindern deutliche Differenzen. Bei den Siebenjährigen sind 18 und mehr Fehler, bei den älteren Kindern 12 und mehr Fehler als Indikator konzentrationsgestörten Verhaltens zu werten.

Beim quantitativen Leistungsparameter gibt es eine Kovariation mit dem Lebensalter. Die mittlere Sortierzeit ist in den drei Altersgruppen mit 12, 10 und 9½ Minuten rückläufig. Eine Beeinträchtigung des Leistungsgrundtempos ist zu vermuten, wenn die Kinder der Altersgruppe 7;0 bis 7;11 mehr als 16'45", der Altersgruppe 8;0 bis 8;11 mehr als 13'30" und der Altersgruppe 9;0 bis 9;11 mehr als 12'45" zum Sortieren der 80 Karten benötigen.

KOCH und PLEISSNER empfehlen auch eine qualitative Analyse des Sortierverhaltens. Treten gehäuft Fehler am Anfang des Sortierprozesses auf, weist dies auf Probleme beim Aufgabenverständnis oder bei der Aufgabenübernahme hin. Treten erst gegen Ende des Sortierens gehäuft Fehler auf, weist dies auf energetische Probleme (Ermüdung) und motivationale Probleme hin.

Das typische konzentrationsgestörte Kind ist dagegen eher durch eine große Streubreite der Fehler über den gesamten Sortiervorgang gekennzeichnet.

Testreihe zur Prüfung der Konzentrationsfähigkeit (TPK)
(KURTH 1984)
Die Testreihe zur Prüfung der Konzentrationsfähigkeit (TPK) ist ein Verfahren, das als Testbatterie für die 2. bis 6. Klasse konstruiert wurde und in sich mehrere Materialaspekte vereint. Die TPK verdient besondere Beachtung, da sie recht gut

schulrelevante Anforderungen nachbildet und sowohl als Einzel- als auch als Gruppentest appliziert werden kann. Die TPK ist trotz wechselnder Anforderungen zu den Langzeit-Konzentrationstests zu zählen, da für ihre Durchführung etwa eine Schulstunde (45 Minuten) benötigt wird.

In die Testreihe gehen drei Subtests ein:

1. Abschreibaufgabe: Hier ist der Text einer Fabel von LAFONTAINE (1963) abzuschreiben. Alle 2 Minuten müssen die Kinder mit einer neuen Zeile beginnen. Gezählt wird die Anzahl der abgeschriebenen Silben in den Zwei-Minuten-Einheiten und die Summe für 10 Minuten (TSL), die Fehlerzahl in Relation zur Silbenanzahl (TF %) und Schwankung der Mengenleistung im Zeitverlauf (TS %).

2. Rezeptive Aufmerksamkeitsprobe: Den Kindern wird eine Geschichte vorgelesen, in der 31 Tierarten vorkommen. Die Kinder sollen anschließend die Tierarten, die sie sich gemerkt haben, aufschreiben. Die Summe ist gleichzeitig der relevante Kennwert (Ti).

3. Rechentest: Er besteht aus gemischten Additions- und Subtraktionsaufgaben. Alle zwei Minuten müssen die Kinder den Stand ihrer Arbeit durch einen Strich markieren. Die Gesamtarbeitszeit für diesen Untertest beträgt 10 Minuten.

Für die Gesamtarbeitszeit wird die Menge der bearbeiteten Aufgaben bestimmt (L), die Relation von Fehlerzahl und Gesamtleistung (RF %) und die Leistungsschwankung (RS %).

Die TPK stellt mit diesen drei Subtests aktive und rezeptive schulrelevante Anforderungen an die Konzentrationsfähigkeit der Kinder.

Die Aufgaben gestatten – wie oben beschrieben – die Ableitung von 7 Kennwerten zur Beurteilung konzentrativer Fähigkeiten: je Subtest einen Kennwert für die Leistungsmenge, zwei Kennwerte für die Leistungsgüte und zwei Kennwerte, die Verlaufsparameter abbilden und Aufschluss über die Leistungsstabilität geben.

Aus diesen Kennwerten kann unter Berücksichtigung der quantitativen Parameter TSL, Ti und RL sowie der qualitativen Parameter TF % und RF % ein »Gesamtkonzentrationswert« (KW) ermittelt werden.

Das Verfahren ist vor allem als »Klein-Gruppen-Test« (etwa vier Kinder) zu empfehlen, wenn Kurzzeit-Konzentrationstests und Einzeluntersuchungen (auch mit Langzeit-Konzentrationstests) keine Hinweise für eine Beeinträchtigung der Konzentrationsfähigkeit erbrachten.

Bei Applikation des Konzentrationstrainings-Programms für die dritte und vierte Klasse wurde die TPK als Prä-Post-Test zur Ausgangsdiagnostik und zur Ermittlung von Veränderungen in den konzentrativen Fähigkeiten der Kinder eingesetzt.

Da die oben genannten Verfahren der Konzentrationsdiagnostik nur als Empfehlungen für die Anwender des Konzentrationstrainings-Programms zu verstehen sind, ist es nicht verwunderlich, dass gerade bei den Testpersonen der 3. und 4. Klasse noch andere Verfahren zum Einsatz kamen. Rückmeldungen erhielten wir über die alleinige und ergänzende Anwendung nachfolgender Verfahren:
- Rostock Bourdon-Test (KURTH 1967)
- d2-Test (BRICKENKAMP 1978)
- Zahlenquadrat-Test (JIRASEK, Mitteilung von RÖSLER O.J.)
- Konzentrations-Verlaufs-Test (ABELS 1974)
- Konzentrations-Leistungs-Test (DÜKER und LIENERT 1965)
- PAULI-Test (ARNOLD 1975)

Konzentration und Hyperkinetisches Syndrom

Ich halte es für sinnvoll, dem Hyperkinetischen Syndrom an dieser Stelle ein eigenes kurzes Kapitel zu widmen und dies vor allem aus zwei Gründen: Zum einen ist das Hyperkinetische Syndrom ein Störungsbild, das aufgrund seiner Auffälligkeit und seiner Vorkommenshäufigkeit sowie nicht zuletzt aufgrund seiner Prognose gegenwärtig Eltern, Pädagogen, Psychologen und Ärzte gleichermaßen beschäftigt. Zum anderen ist es so, dass heute in den meisten Veröffentlichungen eine Vermischung von Konzentrationsstörungen und Hyperkinetischem Syndrom geschieht, eine Vermischung, die zwar nahe liegend ist, die aber weder die Diagnostik noch die Therapie beider Störungen vereinfacht.

Es erscheint notwendig, an dieser Stelle darauf hinzuweisen, dass die Konzentrationsstörung eines der obligatorischen Symptome des Hyperkinetischen Syndroms ist, dass jedoch Konzentrationsstörungen auch Symptom einer Vielzahl anderer Störungen sein können.

Mit anderen Worten: Das Hyperkinetische Syndrom beinhaltet zwingend eine Konzentrationsstörung, während die Konzentrationsstörung nicht zwingend mit einem Hyperkinetischen Syndrom verbunden ist.

Was versteht man unter dem Hyperkinetischen Syndrom?

Laut ICD-9 sind Hyperkinetische Syndrome »Störungen, deren wesentlichen Merkmale kurze Aufmerksamkeitsspanne und erhöhte Ablenkbarkeit sind. In der frühen Kindheit ist das auffallendste Symptom eine ungehemmte, wenig organisierte und schlecht gesteuerte extreme Hyperaktivität, an deren Stelle aber in der Adoleszenz Hypoaktivität treten kann. Impulsivität (des Arbeitsstils; die Verf.), ausgeprägte Stimmungsschwankungen und Aggressivität sind ebenfalls häufige Symptome. Oft bestehen Verzögerungen in der Entwicklung bestimmter Fähigkeiten sowie gestörte und eingeschränkte zwischenmenschliche Beziehungen«.

Nach ICD-9 werden drei Arten des Hyperkinetischen Syndroms unterschieden. Sie gehen einher mit

- Störung von Aktivität und Aufmerksamkeit (314.0),
- Entwicklungsrückständen (314.1),
- Störungen des Sozialverhaltens (314.2).

Im DSM-III-R wird die Störung als »Aufmerksamkeits- und Hyperaktivitätsstörung« bezeichnet (314.01), deren drei Hauptmerkmale die Aufmerksamkeitsstörung, die Hyperaktivität und die Impulsivität sind.

Die ICD-10 nennt als charakteristische Merkmale

- den frühen Beginn der Störung,
- die Kombination von überaktivem, wenig moduliertem Verhalten mit deutlicher Unaufmerksamkeit und Mangel an Ausdauer bei Aufgabenstellungen,
- situationsunabhängige und zeitstabile Verhaltenscharakteristika.

Wie äußert sich das Hyperkinetische Syndrom?

Die Symptomatik des Hyperkinetischen Syndroms wird heute in obligate und fakultative Symptome eingeteilt. Einen Überblick hierzu zeigt nachfolgende Tabelle:

Symptomatik des Hyperkinetischen Syndroms		
obligat		
Aufmerksamkeits-störung – leicht ablenkbar – hört nicht zu – keine Ausdauer – wechselt rasch Spielidee – beendet Begonnenes oft nicht	Impulsivität – handelt unüberlegt – keine Planung – stört beim Spielen – Fremdsteuerung notwendig – kann schwer abwarten – Affektinkontinenz auf Grund von emotionaler und vegetativer Labilität	Hyperaktivität – Bewegungsdrang – zappelt viel – unruhiger Schlaf – »ruhelos« – Redseligkeit – Lärmen
fakultativ		
– Koordinationsstörungen – motorisches Ungeschick	– Leistungsprobleme – Lernstörungen	Störungen des emotionalen und sozialen Verhaltens: – Frustrationsintoleranz – Aggressivität – Selbstunsicherheit

Woher kommt das Hyperkinetische Syndrom?

Seitdem sich in den letzten Jahren die Forschung intensiv um dieses Störungsbild bemüht, wurde deutlich, dass das Hyperkinetische Syndrom nicht durch eine einheitliche Ätiologie gekennzeichnet ist und es sich somit nicht als nosologische Einheit begreifen lässt (ETTRICH und ETTRICH 1993).

Die nachfolgenden Faktoren und Faktorengruppen werden heute mit der Verursachung des Hyperkinetischen Syndroms in Verbindung gebracht:

– Organische Faktoren: Hierzu zählen beispielsweise Zustände nach frühkindlichen Hirnschädigungen prä-, peri- und postnataler Art.

- Genetische Einflüsse: Hierfür spricht die hohe Konkordanz des Hyperkinetischen Syndroms bei eineiigen Zwillingen sowie die Tatsache, dass die Eltern hyperkinetischer Kinder ebenfalls gehäuft hyperkinetisch waren und noch sind sowie die deutliche Knabenwendigkeit der Symptomatik.
- Allergische Reaktionen auf bestimmte Nahrungsmittel beziehungsweise Nahrungsmittelzusätze, etwa salicylatreiche Lebensmittel, Zucker, Phosphate sowie fakultativ allergen wirkende Stoffe in Nahrungsmitteln.
- Aufrechterhaltende und aggravierende Einflüsse ungünstiger Faktoren aus der familiären, schulischen und gesellschaftlichen Umwelt.
- Kombinationen verschiedener Ursachen.

Diagnostik des Hyperkinetischen Syndroms

Wie wird die Diagnose gestellt?

Die Abgrenzung des HKS von anderen Störungen im psychischen und/oder sozialen Bereich ist schwierig, und bei vielen Patienten finden sich Überlagerungen mehrerer Störsyndrome.

Folgende Parameter des Kindes und seiner Umwelt(en) sind für die Diagnostik des HKS von Bedeutung (ETTRICH 1995a):

- genaue frühkindliche Anamnese unter Einbezug somatischer, psychosozialer und beziehungsdynamischer Faktoren
- körperliche und entwicklungsneurologische Untersuchung, ergänzt durch motoskopische und/oder motometrische Verfahren und neuroradiologische Zusatzdiagnostik
- psychologische Untersuchung, bestehend aus
  - Leistungsdiagnostik,
  - Persönlichkeitsdiagnostik,
  - Diagnostik des Sozialverhaltens,
  - Abklärung von Teilleistungsstörungen,

- Erfassung der derzeitigen familiären Situation,
- eingehende Analyse des institutionellen Umfeldes (Kindergarten, Schule),
- Analyse des Freizeitumfeldes (z. B. Hobbys, Freizeitgruppen, Sportvereine).

Wann wird die Diagnose gestellt?

Die Diagnose Hyperkinetisches Syndrom wird gestellt, wenn:

1. die genannte Symptomatik mindestens 6 Monate besteht,
2. die Symptome vor Vollendung des 7. Lebensjahrs auftreten,
3. mindestens acht Einzelsymptome des Gesamtbildes vorhanden sind,
4. keine tief greifende Entwicklungsstörung vorliegt.

Differentialdiagnostische Überlegungen
Das Hyperkinetische Syndrom ist differentialdiagnostisch abzugrenzen von:

- alters- oder situationsentsprechenden Aktivitäten,
- hirnorganischen Störungen mit klarem Schädigungsnachweis,
- dissozialen Verhaltensweisen,
- psychotischen Zustandsbildern.

Therapeutische Möglichkeiten des Hyperkinetischen Syndroms

»Eine gründliche Diagnostik, die zur konkreten Benennung der betreffenden Störung führt, ist bereits ein wichtiger Schritt auf dem therapeutischen Weg, indem sie zur Entlastung aller Beteiligten beiträgt:

Das Kind fühlt sich verstanden, die Eltern erleben sich als angenommen, Lehrer empfinden sich nicht länger als pädagogisch unfähig.

Mit diesem ersten Schritt der »Entschuldung« beginnt aber erst der mühsame gemeinsame Weg der Behandlung und Erziehung der betreffenden Kinder« (ETTRICH 1995a).

Die therapeutischen Zugangswege kommen von der medizinisch-psychologischen, der pädagogischen und der sozialen Ebene. Die nachfolgende Übersicht zeigt Möglichkeiten des therapeutischen Herangehens, wobei dem einzelnen Kind nur ein multimodaler, individuumsspezifischer Ansatz gerecht werden kann (ETTRICH 1994, 1995b).

Behandlungsmöglichkeiten für hyperkinetische Kinder	
Elternberatung, Elterntraining	Gesprächspsychotherapie
Entspannungstechniken: – Autogenes Training – Progressive Muskelrelaxation – Konzentrative Entspannung	Verhaltenstherapie: – allgemeine Techniken – Sportpsychotherapie – Konzentrationstrainings-Programme
– psychomotorische Übungsbehandlung – Bewegungserziehung nach Frostig – rhythmische Gymnastik – rhythmisch-psychomotorische Musiktherapie	– sensorische Integrationsbehandlung – Formen der Kreativtherapie – Schwimmen – Reiten und Voltigieren – Ergotherapie
– Familientherapie – Psychodrama	– analytische Kindertherapie – klientzentrierte Spieltherapie
– diätetische Therapien	– Pharmakotherapie

Das in diesem Buch dargestellte Konzentrationstrainings-Programm ist als ein wesentlicher Baustein innerhalb eines komplexen Therapieprogramms für hyperkinetische Kinder anzusehen, da es die Modifizierung der drei Kardinalsymptome *Konzentrationsstörung, Impulsivität* und *motorische Unruhe* beinhaltet.

Verlauf und Prognose

Unbestreitbar gibt es beim Hyperkinetischen Syndrom eine hohe Rate an Selbstheilungen. Das belegen die vielen Eltern, die in der Sprechstunde angeben, früher selbst hyperkinetisch gewesen zu sein, aber keiner Behandlung zugeführt wurden.

Andererseits ist auch das Vorkommen einer anhaltenden Störung nicht unerheblich. So ist bei einem Drittel der Patienten, bei denen im Kindesalter ein Hyperkinetisches Syndrom bestand, im Erwachsenenalter die Diagnose noch sicher zu stellen. Patienten mit der Diagnose Hyperkinetisches Syndrom haben im Allgemeinen mehr Probleme unter Alltagsbelastungen, mehr Schwierigkeiten in Schule und Ausbildung und später geringeren beruflichen Erfolg. Die Kopplung an aggressives Verhalten stellt ein erhöhtes Risiko für die Entstehung von delinquentem Verhalten im Jugend- und frühen Erwachsenenalter dar (PETERMANN und WARSCHBURGER 1993).

Dies unterstreicht einmal mehr, dass die Wirksamkeit des sozialen Umfelds nicht unterschätzt werden darf. Es muss dem Betreffenden auf jeden Fall Möglichkeiten der Selbstbestätigung, der Stärkung des Selbstwertgefühls geben, sodass er seine Störung annehmen und schließlich kompensieren lernt. Eine angemessene Schulbildung, aber auch eine seinen Fähigkeiten entsprechende Vorbereitung auf den Beruf und eine befriedigende berufliche Tätigkeit sind hierfür wichtige Voraussetzungen. Eine rechtzeitige und am individuellen Fall orientierte Therapie und Förderung ist deshalb von großer Wichtigkeit.

MROCHEN und KERKHOFF (1994) weisen darauf hin, dass sich bestimmte negative Merkmale der betroffenen Kinder unter günstigen Bedingungen im Erwachsenenalter sogar in persönliche Stärken umwandeln können. So könne aus Unersättlichkeit Ehrgeiz, aus Ablenkbarkeit und Sprunghaftigkeit Kreativität, aus Überaktivität Produktivität, aus Impulsivität Lebendigkeit und Spontaneität werden.

Konzentration und Schulerfolg

»Reiner müsste sich besser konzentrieren, dann wären seine Zensuren besser«; »Jörg folgt leider nicht genügend aufmerksam dem Unterricht, weshalb seine Leistungen sehr unterschiedlich sind«; »Maik kann seine gute Denkfähigkeit nicht nutzen, da er im Unterricht oft abwesend ist, nicht weiß, worüber gesprochen wird, und ständig durch Faselfehler auffällt« – diese und ähnliche Schulbeurteilungen kennen Lehrer, Eltern, Psychologen und Ärzte sehr gut. Sie bezeugen, dass zwischen konzentrativem Verhalten und Schulbewährung ein enger Zusammenhang gesehen wird.

Obwohl es als allgemein gesichert gilt, dass das Leistungsniveau der Kinder vorrangig von deren intellektuellem Potenzial bestimmt wird, hat auf dessen Umsetzung in tatsächliche schulische Leistungen die Konzentrationsfähigkeit einen bedeutsamen Einfluss (RÖSLER 1970, MEYER-PROBST 1984).

ETTRICH (1985) konnte anhand einer Schulanfängerstichprobe (n = 462) nachweisen, dass die Beurteilung der konzentrativen Fähigkeiten durch Erzieherinnen mit dem erwarteten Schulerfolg mit 0,63 und der tatsächlichen Schulbewährung am Ende der ersten Klasse mit 0,50 korrelierte und sich damit nicht wesentlich andere prognostische Aussagen als die Beurteilung der intellektuellen Fähigkeiten der Schulanfänger mittels BINET-SIMON-KRAMER-Test (0,60) ergaben. Gerade dieses Ergebnis verdeutlicht, dass es notwendig ist, unser Augenmerk auf die konzentrativen Fähigkeiten der Kinder bereits im Vorschulalter zu lenken. Eine frühe Diagnose von Konzentrationsstörungen ist möglich und eine rechtzeitige Therapie notwendig, damit diese nicht erst im Schulalter wegen ihrer ungünstigen Auswirkungen auf das Leistungsverhalten und die Persönlichkeitsentwicklung der Kinder zu einem tief greifenden Problem werden. LEITNER (1996) formuliert es so: »Wenn Aufmerksamkeits- und Konzentrationsleistungen eine wichtige Rolle für schulisches Lernen in jedem Stadium der Schullaufbahn spielen, dann kommt ihnen am Anfang dieses Weges auch deshalb besondere Bedeutung zu, weil Konzentrationsminderleistungen in der Folgezeit weitere Probleme nach sich ziehen, vor allem kumulative Lerndefizite, weshalb später die damit interagierenden Lernschwierigkeiten nicht mehr nur allein durch eine Verbesserung der Konzentrationsleistungen behoben werden können.«

WAGNER (1977) wies darauf hin, dass besonders beim durchschnittlich intelligenten Kind gute Konzentrationsleistungen den Schulerfolg positiv beeinflussen, dass durch gute konzentrative Fähigkeiten intellektuelle Schwächen im Schulunterricht zum Teil kompensiert werden können. Eine Verbesserung der Konzentrationsleistungen könnte damit einem großen Teil der Schüler bei der Steigerung ihrer schulischen Leistungen helfen. Bemühungen um die Therapie von Konzentrationsstörungen im Vorschulalter kommt deshalb erhebliche praktische Bedeutung zu.

EXKURS:
Konzentrationsfähigkeit und Schulerfolg im Grundschulalter – Besonderheiten in Abhängigkeit von Geschlecht und Alter bei der Einschulung

Über die grundsätzliche Bedeutung des Geschlechts der Kinder für den Schulerfolg und letztlich für die Konzentrationsfähigkeit herrschen übereinstimmende Angaben (RÖSLER u. a. 1976). Die Mädchen erzielen bessere Ergebnisse als die Jungen. Geht man davon aus, dass sich die intellektuellen Voraussetzungen zwischen den Geschlechtern nicht unterscheiden, sind die Ursachen in anderen Bereichen zu suchen. Offensichtlich haben der Arbeitsstil der Kinder, die Einstellbarkeit und Konzentration auf fremd gestellte Aufgaben in der Gruppensituation dabei fundamentale Bedeutung. Zusätzlich ergeben sich Abhängigkeiten vom Alter bei der Einschulung der Kinder. Bedenkt man, dass nach geltenden Regelungen Kinder zwischen 6,3 und 7,2 Jahren in die gleiche Klasse eingestuft werden, so sind die Altersunterschiede besonders im jungen Schulalter erheblich. Bei den zur Einschulung jüngeren Kindern ist ein häufiger vorliegendes Störverhalten mit motorischer Unruhe, mangelndem Durchhaltevermögen und den schon beschriebenen Auffälligkeiten im konzentrativen Bereich zu beobachten. Dies spiegelt sich auch in schlechteren Zensuren wider.

Zur näheren Differenzierung dieser Probleme wurden sowohl verhaltens- und leistungsauffällige normalintelligente Patienten einer kinderpsychiatrischen Klinik (n = 250) als auch eine unausgelesene Schülerstichprobe (n = 1284), jeweils der 1. bis 4. Klassen, untersucht (ausführlich BARCHMANN und KINZE 1987). Darüber hinaus wurden diese Patienten mit einer Extremstichprobe von konzentrationsleistungsbesten Kindern (n = 30) verglichen.

Innerhalb der Testgruppe ergeben sich keine Unterschiede bei den Sozialdaten zwischen zur Einschulung jüngeren (Geburtsmonate März bis Mai) und älteren Kindern (Geburtsmonate Juni bis Februar).

Bei den psychodiagnostischen Parametern weist die zur Einschulung jüngere Gruppe bessere Intelligenz- und Motorikbefunde sowie günstigere Einschätzungen im Verhalten durch ihre Bezugsperson auf. Keine Leistungsvorteile, sondern eher Nachteile, ergeben sich für diese Kindergruppe in den Leistungsvorbedingungen Konzentration und Aufmerksamkeit. Hier zeigen die zur Einschulung jüngeren Kinder relativ schlechtere Ergebnisse als die älteren. Daraus resultieren auch schlechtere Schulleistungen mit Durchschnittszensuren in den Hauptfächern um die Note »3«.

Demzufolge sind Konzentrationsstörungen als wesentliche Ursache dafür anzusehen, dass normal intelligente, relativ jung eingeschulte Kinder in der Schule versagen und psychologisch-psychiatrisch auffällig und behandlungsbedürftig werden, obwohl sie sich in ihren sonstigen klinisch erfassbaren Parametern eher positiv von den übrigen Patienten abheben. Sicherlich finden sich auch unmittelbare Zusammenhänge zur Problematik der »Underachiever« (RÖSLER u. a. 1988).

Bei den unauffälligen Grundschülern wurden die Zensuren in Abhängigkeit von Geschlecht und Einschulungsalter analysiert. Es zeigte sich, dass Mädchen der Klassen 1 bis 4 sowohl in den Leistungs- als auch in den Verhaltensnoten weitaus günstiger beurteilt werden als die Jungen. Das unterschiedliche Alter zur Einschulung findet in der Benotung von Normalschulkindern ebenfalls seinen Niederschlag, vorrangig in den Leistungsfächern. Ein Vergleich der Auswirkungen von Geschlecht und Einschulungsalter auf die Zensurengebung lässt den größeren Einfluss des Geschlechts erkennen. Kombiniert man die Merkmale Geschlecht und Einschulungsalter und untersucht deren Auswirkungen auf die Zensurengebung, lassen sich Abhängigkeiten vom Einschulungsalter insbesondere für die Jungen nachweisen, in deutlich geringerem Maß auch für die Mädchen. Scheinbar handelt es sich bei dem Problem Schulbewährung und Einschulungsalter um ein spezifisch »männliches« Problem. Gestützt wird diese Annahme zusätzlich durch einen Vergleich über die ersten vier Schuljahre. Während sich die Bedeutung des unterschiedlichen kalendarischen Einschulungsalters bei den Mädchen nach der 2. Klasse verliert, bleibt sie bei den Jungen zumindest über die untersuchten ersten vier Schuljahre erhalten.

Im Extremstichprobenvergleich wurden die im konzentrativen Bereich auffälligen Patienten den 30 konzentrationsleistungsbesten Kindern eines Schuljahres einer kleinstädtischen Population gegenübergestellt (Auswahlkriterium: TPK, KURTH 1984). Auch hier fanden sich bei den konzentrationsleistungsbesten Kindern signifikant mehr Mädchen und zum Einschulungstermin signifikant ältere Kinder. Darüber hinaus waren signifikant seltener Hinweise auf das Vorliegen einer leichten frühkindlichen Hirnfunktionsstörung zu finden.

Aus den Gesamtergebnissen ist abzuleiten, dass unzureichende Leistungsvorbedingungen im Bereich Konzentration und Aufmerksamkeit den Schulerfolg wesentlich beeinflussen. Von besonderer Bedeutung sind in diesem Zusammenhang die Merkmale »Geschlecht« und »kalendarisches Alter bei der Einschulung«.

Therapie von Konzentrationsstörungen

Trends in der Psychotherapie von
Konzentrationsstörungen

Die nachfolgenden Überlegungen zielen darauf ab, Trends in der Psychotherapie von Konzentrationsstörungen aufzuzeigen. Es geht uns ferner auch darum, unser Konzentrationstrainings-Programm in das Spektrum psychotherapeutischer Methoden einzuordnen.

Erinnert sei vorab daran, dass Methoden zur Beeinflussung von Verhalten und Erleben auf kommunikativem Wege unter Verwendung spezifischer Interventionen (z. B. Sprache, Spiel, Training) zum Zweck der Heilbehandlung als Psychotherapie bezeichnet werden.

Analysieren wir allgemeine Tendenzen auf dem Gebiet der Kinderpsychotherapie, so können wir zwei Entwicklungswege hervorheben:

1. Es zeigt sich die Tendenz, den engen Zirkel von Patient – Therapeut oder Eltern – Therapeut im Behandlungssetting zugunsten einer interaktionsbezogenen Betrachtungsweise, die gleichzeitig Patient, Eltern, Therapeut und Institutionen einbezieht, aufzulösen. Diese komplexe Vorgehensweise verspricht bei der Behandlung von Verhaltensstörungen, Neurosen und Psychosen einige Vorteile, da etwa Probleme der Stigmatisierung, Schuldzuweisung besser beherrscht werden können.

2. Wir finden die Tendenz, immer störungsspezifischere

Behandlungsprogramme und Trainingsmethoden zu entwikkeln.

Beispielsweise wurde von MUCHA (1979) ein Trainingsprogramm zur Förderung der sozialen Handlungskompetenz bei Kleinkindern vorgestellt.

DÖPFNER, SCHLÜTER und REY (1981) gestalteten ein Kompetenztraining für selbstunsichere Kinder.

KAMMERER, SCHAFER und MACK (1981) konzipierten ein Therapieprogramm zur Reduzierung kindlicher Ängste vor dem Zahnarzt.

PETERMANN und PETERMANN (1982) entwickelten ein Programm zur Beeinflussung aggressiven Verhaltens von Kindern.

1986 und 1988 erschienen von BARCHMANN, ETTRICH, KINZE und RESCHKE die ersten beiden Auflagen des KTP für Schulkinder.

LAUTH und SCHLOTTKE legten 1995 ein Programm zum Training mit aufmerksamkeitsgestörten Kindern vor, in welches nach Rücksprache mit unserer Arbeitsgruppe auch einige Aufgaben des in den 80er Jahren von uns entwickelten KTP Eingang fanden.

Soweit einige Beispiele, die diesen Trend in der Kinderpsychotherapie belegen sollen.

Die Gestaltung spezieller Trainingsprogramme ist verbunden mit einer Trendwende innerhalb verhaltenstherapeutischer Behandlungstechniken. Sie besteht einmal darin, dass einfache Therapietechniken, die auf der ausschließlichen Wirkung positiver oder negativer Verstärker beruhen, in komplexere Therapieprogramme integriert werden. Wir beobachten dabei, dass die Erkenntnisse der Entwicklungspsychologie verstärkt in die Gestaltung von Therapieprogrammen direkt einbezogen werden. Beispielsweise wurde die Einbeziehung von Selbstkontrolltechniken in solche Therapieprogramme nur über die Auswertung entsprechender Forschungen zur Entwicklung der Handlungssteuerung beim Kind möglich.

Ferner haben sich auch persönlichkeitspsychologische

Grundpositionen in der Therapie des Kindes durchgesetzt, die das Kind, den kindlichen Patienten nicht mehr ausschließlich als abhängiges, der Verhaltensformung bedürftiges Wesen betrachten. Das Kind wird in seiner Subjekthaftigkeit erlebt, die Fähigkeit zur aktiven Umweltauseinandersetzung wird entsprechend in den Therapiekonzeptionen stärker betont.

Diese Ansätze zur Behandlung konzentrationsgestörter Kinder können als Übungsanleitungen für das Erlernen eines aufgabenorientierten Arbeitsverhaltens betrachtet werden, wobei solche Techniken wie Reizdiskriminierung, Modelllernen, Fremdverstärkung, Selbstbeobachtung, Selbstbewertung, Selbstinstruktion miteinander kombiniert werden.

Die konsequente Übung des Zielverhaltens ist aber nicht nur auf die Veränderung eines bestimmten Fehlverhaltens beschränkt, sondern sie ist eine wesentliche Voraussetzung für umfassendere Persönlichkeitsveränderungen. Sie ist eine Quelle neuer kognitiver Einsichten für selbstständiges und verantwortungsbewusstes Handeln. Damit sind spezielle Therapieprogramme, die primär zur Behandlung von Konzentrationsstörungen konzipiert wurden, oftmals als Basistherapie für kindliche Patienten anzusehen, die den Zugang zu weiteren therapeutischen Maßnahmen erleichtern.

Bei der Behandlung konzentrationsgestörter Kinder wurden unterschiedliche Ansätze erprobt, die nun kurz referiert werden sollen:

1. CRUICKSHANK u. a. (1961) versuchten, durch extreme Reduzierung der Umweltreize und durch straffe Organisation des Arbeitsverhaltens des Kindes die fehlende innere Struktur des kindlichen Verhaltens zu beeinflussen. Obwohl positive Ergebnisse bei extrem ablenkbaren Kindern zu verzeichnen waren, behinderte die Isolierung der Kinder einen bleibenden Behandlungserfolg.

2. SAFER und ALLEN (1976) gingen einen anderen Weg, indem sie die Konsequenzen der Eltern oder Lehrer auf das Verhalten des Kindes analysierten und Entwürfe eines neuen Umweltverhaltens erarbeiteten. Ferner bezogen sie Verhal-

tensverträge und Token (siehe S. 81) in die Behandlungskonzeption ein.

3. HEWELLS (1971) stellte ein Stufenprogramm von Lernzielen auf. Das Prinzip der kleinen Schritte im Behandlungsablauf und die Notwendigkeit eines gezielten Übens des adäquaten Verhaltens wurden hier betont.

4. HOSSBACH (1970) überprüfte die Wirkung von Instruktionen auf das Verhalten. Instruktionsgemäßes Verhalten wurde positiv bekräftigt. Im Einzelnen erarbeitete er ein Reaktionsverzögerungstraining und Qualitätstraining.

5. Eine wesentliche Beeinflussung von Trainingsprogrammen erfolgte durch MEICHENBAUM und GOODMAN (1971). Sie zeigten die Bedeutung der kognitiven Selbststeuerung durch inneres Sprechen für die Therapie auf. Zahlreiche Folgeuntersuchungen, so NELSON und BIRKIMER (1978), haben die Bedeutung der Selbstinstruktionsverfahren für die Behandlung konzentrationsgestörter Kinder nachweisen können.

Weitere Untersuchungen, so KANDELL und FINCH (1978), lassen erkennen, dass die Methodenkombination von verbaler Selbstinstruktion, Modelllernen und Fremdverstärkung optimale Behandlungserfolge verspricht.

6. Aus praktischen Erwägungen mehren sich die Versuche, universell einsetzbare Trainingsprogramme zu erarbeiten und bereits vorhandenes Material zu adaptieren. KÖSTER (1974) erprobte das Montessori-Material und den Frostig-Wahrnehmungs-Versuch für das Konzentrationstraining. Verbesserte Wahrnehmungsstrategien und damit verbesserte Konzentrationsleistungen konnten erzielt werden.

Zusammenfassend sollen aus den genannten Therapieansätzen einige verallgemeinernde Aussagen für den Aufbau von Konzentrationstrainings-Programmen abgeleitet werden:

1. Konzentrationstrainings-Programme sind standardisierte Abfolgen von Handlungsschritten, die den Erwerb von spezifischen Verhaltensweisen der Informationsaufnahme, Informationsverarbeitung und der Vergegenständlichung von Handlungsergebnissen beinhalten.

2. Das Training vollzieht sich in einer Atmosphäre der emotionalen Zuwendung und des einfühlenden Verstehens.
3. Die Trainingseinheiten müssen unterschiedliche Sinnesbereiche ansprechen.
4. Das Trainingsprogramm besteht aus einer hierarchisch gestuften Anforderungsstruktur.
5. Der Schwierigkeitsgrad muss hinsichtlich intellektueller Anforderungen, Dauer der Belastung und Grad der Monotonie variiert werden.

In dem hier vorgelegten Konzentrationstrainings-Programm wurden vorgenannte Aussagen über den allgemeinen Aufbau solcher Behandlungsangebote konsequent verwirklicht.

Kombination von Behandlungsansätzen

Ebenso wie beim Hyperkinetischen Syndrom ist auch bei der Therapie von Konzentrationsstörungen ein mehrdimensionaler therapeutischer Ansatz häufig von besserem und rascherem Erfolg gekrönt als die Anwendung nur einer bestimmten Methode.

Nun müssen wir uns im klaren darüber sein, dass bereits mit dem Einsatz des in diesem Buch vorgestellten Konzentrationstrainings-Programms mehrere methodische Zugangswege beschritten werden und ein ganzes Ensemble therapeutischer Einzelbausteine zur Anwendung kommt: beispielsweise Wahrnehmungstraining, Selbsteinschätzung, Selbstinstruktion, Selbstverbalisation, Erlernen und Üben eines exakten Arbeitsverhaltens, Beeinflussung des kognitiven Stils, Erlernen und Einhalten von Regeln und sozialen Normen.

Dennoch wurde in den vergangenen Jahren von anderen, aber auch von uns und unseren Mitarbeitern versucht, das Konzentrationstrainings-Programm mit anderen eigenständigen Therapiemethoden zu kombinieren, um hierdurch den Therapieeffekt zu optimieren.

Auf einige ausgewählte Möglichkeiten soll nachfolgend kurz eingegangen werden (vgl. ETTRICH 1995):

1. Konzentrationstrainings-Programm und Eltern-, Lehrer-, Erzieherberatung

Es ist unstrittig, dass begleitende Elternarbeit für die Behandlung von Kindern mit einer Konzentrationsstörung notwendig ist, da diese bei den Eltern, Lehrern und Erziehern häufig Schuldgefühle und Versagensängste auslöst. Zweifel an den eigenen erzieherischen Fähigkeiten können die Beziehung zwischen dem Kind und seinen Bezugspersonen ungünstig beeinflussen.

Hier sind Beratungskonzepte erforderlich, die alle Beteiligten befähigen, mit der schwierigen Situation umzugehen.

Ziele der Beratung sind:

- Verdeutlichung des Hilfsangebots,
- nach eingehender Diagnostik Aufklärung über die Diagnose,
- Wecken des Verständnisses für den Unterschied von Nicht-Wollen und Nicht-Können,
- Befähigung zur Mitarbeit als Co-Therapeut,
- Erarbeiten von Techniken der Verhaltensbeobachtung, -beschreibung und -analyse,
- Veranschaulichen und Einüben von Formen der Bekräftigung,
- Vermitteln eines realistischen Bildes über den möglichen und tatsächlichen Therapiefortschritt,
- gemeinsames Erarbeiten von Therapiezielen.

Die theoretische und praktisch-technische Qualifizierung des Beratungsgespräches ist auch im Zusammenhang mit der Behandlung von Konzentrationsstörungen zu nennen, weil dieses ein wesentliches Instrument zur Beeinflussung des Erziehungsmilieus konzentrationsgestörter Kinder darstellt. Es ist hierfür erforderlich, Störungen der Konzentrationsfähigkeit im Kontext von Milieubedingungen noch deutlicher als bisher herauszuarbeiten, um entsprechende milieuspezifische Interventionen etwa bei konzentrationsungewohnten, konzentrationsbeeinträchtigten, unsicheren, überforderten Kindern, konzentrationsgestörten und überreizten Kindern herbeiführen zu können.

Die Beratung kann in relativ freier, aber auch hochstrukturierter Form stattfinden. Gerade bei der Arbeit mit den Bezugspersonen der betroffenen Kinder ist eine gute Zusammenarbeit zwischen ärztlichen und psychologischen Therapeuten außerordentlich wichtig und – wie viele Beispiele aus der Praxis zeigen – auch sehr nützlich. Stets ist bei der Elternberatung konzentrationsgestörter Kinder auch an Geschwisterkinder zu denken, die sich mitunter durch die ständige Beschäftigung mit dem Symptomträger ins Abseits gestellt vorkommen und ihrerseits bestimmte Störungen entwickeln, etwa Depressionen.

Beratung als alleinige Behandlungsmaßnahme wird allerdings recht kontrovers diskutiert (PETERMANN und PETERMANN 1990). Aus eigenem Erleben und gestützt auf eigene Forschungen zu dieser Problematik teilen wir die Bedenken, die gegen die ausschließliche Beratung vorgetragen werden und plädieren für eine Kombination von Beratung und Konzentrationstrainings-Programm.

2. *Konzentrationstrainings-Programm und Entspannungstechniken*

Die Verwendung von Entspannungstechniken wie Autogenes Training und Progressive Muskelrelaxation bei der Behandlung von konzentrationsgestörten Kindern ist nicht neu. Beide Verfahren versuchen über eine Beeinflussung von Körperfunktionen zur Steigerung von Wohlbefinden und Harmonisierung der Handlungsregulation auf physiologischer Ebene beizutragen. Über diesen Weg sind somit auch positive Auswirkungen auf das Arbeitsverhalten der Kinder zu erwarten und konnten beispielsweise von KRÖNER und LANGENBUSCH (1982) nachgewiesen werden. Besonders gute Erfolge werden bei Kindern beobachtet, die unter emotionalen und vegetativen Spannungszuständen leiden. Der Therapieerfolg bleibt bei alleiniger Behandlung mit Entspannungsverfahren immer dann unzureichend, wenn die Kinder nicht oder nicht ausreichend über »interne Verhaltensprogramme« konzentrativen Arbeitens verfügen.

SCHIFFLER (1987) referierte Erfahrungen mit suggestopädischen Elementen im Rahmen des Unterrichts. Seine Ergebnisse weisen darauf hin, dass besonders lernschwache Schüler in entspannter Atmosphäre ihre Leistungen verbessern können.

FELIX (1988) ging ebenfalls der Frage nach, inwieweit die Integration suggestopädischer Elemente in den Unterricht den Lernerfolg beeinflusst. Auch hier ergab sich, dass die Kinder ihre Leistung steigern konnten.

HOCHMUTH (1992) konnte an einer Gruppe von 200 Kindern zeigen, dass sich durch den Einsatz der Progressiven Muskelrelaxation und des Autogenen Trainings positive Veränderungen auf dem Gebiet der Leistungsbereitschaft und der Konzentrationsfähigkeit nachweisen lassen. Insbesondere die Progressive Muskelrelaxation ist bei den jüngeren Kindern (Vorschulalter und 1. und 2. Schuljahr) mit Konzentrations- und Verhaltensschwierigkeiten hinsichtlich des Therapieeffekts dem Autogenen Training überlegen.

HOCHMUTH verweist darüber hinaus auf eine Verbesserung der Beziehung zwischen Kind und Eltern: »Eltern fungieren nicht nur als Co-Therapeuten zur Erfolgsstütze ihrer Kinder. Sie selbst erreichen Veränderungen bei der Hauptsymptomatik. Sie rücken emotional ihrem Kind näher, bringen Verständnis für Besonderheiten auf und reagieren deutlich belastbarer.«

Eine spezielle Überprüfung des Therapieeffektes des Konzentrationstrainings-Programms und der Progressiven Muskelrelaxation konzentrationsgestörter Grundschulkinder erfolgte durch SCHMIDT (1990) unter stationären Bedingungen. Hier konnte sowohl die Effektivität beider Behandlungsformen für sich als auch ein synergetischer Effekt der Kombination nachgewiesen werden. Das Ergebnis spricht dafür, beide Behandlungsformen in der Praxis zu kombinieren. Ergänzend sei unter Rückgriff auf HOCHMUTH bezüglich der ambulanten Anwendung auch darauf aufmerksam gemacht, dass bei Anwendung der Progressiven Muskelrelaxation auch Väter leichter als Co-Therapeuten zu gewinnen sind.

FORKER-TUTSCHKUS (1996) und JESCHKE (1996) verglichen Vorschulkinder, die ausschließlich mit dem Konzentrationstrainings-Programm behandelt wurden mit Kindern, bei denen eine Kombination von Konzentrationstrainings-Programm und Progressiver Muskelrelaxation zur Anwendung kam. Bei beiden Applikationsformen verbesserten sich die konzentrativen Leistungen, wobei sich die Kombinationsbehandlung als vorteilhafter erwies.

Eine Kombination von Konzentrationstrainings-Programmen und Entspannungstechniken erscheint uns auch deshalb sinnvoll, weil wir davon ausgehen können, dass konzentrationsgestörte Kinder durch ihre zahlreichen Misserfolge im Sinne einer Sekundärsymptomatik gehäuft unter emotionalen Verspannungszuständen (z. B. Misserfolgserwartungen) leiden, die zusätzlich ein erfolgreiches Handeln behindern.

3. Konzentrationstrainings-Programm und Psychopharmaka

Es hat in den vergangenen Jahrzehnten immer wieder Versuche gegeben, Konzentrationsstörungen mittels medikamentöser Behandlung zu beheben.

Dabei wurden vor allem Medikamente aus folgenden Präparategruppen eingesetzt:

– Psychostimulanzien (z. B. Amphetamine, Methylphenidat),
– Neuroleptika,
– Antidepressiva,
– Lithiumsalze.

In den letzten Jahren wurden vor allem mit Psychostimulanzien bei konzentrationsgestörten und/oder hyperkinetischen Kindern gute Behandlungserfolge erzielt, da sie zum einen die Aufmerksamkeit der Kinder positiv beeinflussen und zum anderen deren motorische Hyperaktivität senken können. Es ist jedoch zu beachten, dass nur ein Teil der Kinder auf Medikamente anspricht, während andere nicht oder nur sehr kurzzeitig profitieren (TROTT 1993). Eine ausschließlich medikamentöse Therapie über längere Zeiträume erscheint aus fachlicher Sicht als einseitig und trägt der Komplexität des Geschehens zu wenig Rechnung. Sie sollte entweder nur kurzzeitig nötig sein oder aber als »Grundsteinlegung« für psychotherapeutische Maßnahmen verstanden, also durch eine entsprechende Psychotherapie zunächst ergänzt und später ersetzt werden.

Dies setzt allerdings sowohl eine interdisziplinäre Sichtweise der am Geschehen wesentlich beteiligten Disziplinen Pädagogik, Psychologie und Medizin voraus als auch eine am Störungsbild orientierte, fachübergreifende Zusammenarbeit.

Es sei an dieser Stelle mit KINZE und BARCHMANN (1991) sowie LEITNER (1996) ganz ausdrücklich betont, dass Kontroversen zwischen Verfechtern der unterschiedlichen therapeutischen Herangehensweisen (Medikament *oder* psychotherapeutisches *oder* pädagogisches Programm) allenfalls geeignet sind, ratsuchende Eltern in Loyalitätskonflikte zu stürzen und die betroffenen Kinder der Möglichkeit komplexer Interventionsstrategien zu berauben.

Um die Effektivität des hier vorgelegten Konzentrationstrainings-Programms (KTP) zu objektivieren und zugleich die Möglichkeit der Kombination mit medikamentöser Behandlung zu überprüfen, wurden seinerzeit von unserer Arbeitsgruppe insgesamt 248 Kinder der 1. bis 4. Grundschulklassen, die sich wegen erheblicher Konzentrationsprobleme in kinderpsychiatrischer Behandlung befanden, untersucht, wobei ein Stimulans (Aponeuron) und ein Neuroleptikum (Haloperidol) zum Einsatz kamen.

Die Kombinationsbehandlung mit dem KPT ergab bei einer Stimulanzienbehandlung eine sinnvolle Ergänzung des quantitativ steigernden Stimulanzien-Effekts mit der qualitätsverbessernden Wirkung des KTP.

Die Leistungseinbußen, die durch das Neuroleptikum bewirkt wurden, konnten durch die Kombination mit dem KTP kompensiert werden, wobei die anpassungsfördernden Wirkungen des Medikamentes auf das Sozialverhalten erhalten blieb (weitere Einzelheiten hierzu S. 155 ff.)

Für die klinische Praxis ist zu schlussfolgern, dass eine medikamentöse Therapie sinnvollerweise durch übende Verfahren zu ergänzen ist, da hierdurch qualitative Leistungsverbesserungen erreichbar sind und letztlich die Leistungsgüte das entscheidende Kriterium für den Schulerfolg darstellt.

Die eigenen Untersuchungen und eine Vielzahl anderer Publikationen (EICHLSEDER 1987; STEINHAUSEN 1995; MARTINIUS 1984; NISSEN 1987) betonen, dass konzentrationsgestörten Kindern am besten zu helfen ist, wenn die Interventionen auf der Basis der Erkenntnisse von Psychologie, Medizin und Pädagogik aufeinander abgestimmt sind.

Aufbau des Konzentrationstrainings-Programms (KTP)

Das vorliegende Konzentrationstrainings-Programm besteht aus einer Serie von Aufgaben für 20 Tage. Art und Durchführung der einzelnen Aufgaben sind im jeweiligen Tagesprogramm mit genauen Instruktionen für den Therapeuten festgelegt, einschließlich einer Punktebewertung. Das verwendete Material entstammt einerseits dem handelsüblichen Sortiment an Kinderspielzeug (Perlen, Puzzle, Memory) sowie an Spiel- und Beschäftigungsmaterial (Legestäbchen, Legetäfelchen, Bildkarten). Andererseits besteht es aus selbst angefertigten Arbeitsblättern, die in einem Arbeitsheft vereinigt sind, wovon jedem Teilnehmer am Training eins gehört, was durch Hineinschreiben seines Namens in der ersten Trainingsstunde kenntlich gemacht wird. Das Heft verbleibt während des gesamten Trainings beim Therapeuten, erst nach der letzten Trainingsstunde darf es mit nach Hause genommen werden.

Die im Tagesprogramm genannten Bezugsquellen für bestimmte Arbeitsmaterialien sollten lediglich als Empfehlungen verstanden werden. Es ist durchaus möglich, andere, ähnliche Materialien zu verwenden. Die Intention der Beschäftigung im Sinn eines konzentrierten Arbeitsverhaltens hat Vorrang vor einem konkreten Material.

Die Durchführung des Trainings erfolgt jeweils über 45 Minuten für Schulkinder und 35 Minuten für Vorschulkinder zu möglichst konstanten Tageszeiten durch Ärzte, Psychologen, Sonderpädagogen oder Beratungslehrer mit kleinen Gruppen von drei bis fünf (optimal vier) Kindern gleicher Altersstufe.

Bei sehr jungen und/oder besonders unruhigen Kindern kann es sich als zweckmäßig erweisen, das Training mit zwei oder drei Einzelsitzungen zu beginnen, um dann sukzessiv die Gruppe aufzubauen. Zu beachten ist dabei allerdings, dass grundsätzlich und von Anfang an eine Motivation in Richtung Gruppentraining erzeugt wird.

Für Eltern, die das Konzentrationstrainings-Programm selbst mit ihren Kindern durchführen wollen, empfiehlt sich eine vorherige Beratung mit einem Therapeuten, um individuelle Schwerpunkte festzulegen und initiale Fragen zu klären. Auch während der Durchführung des Trainings durch Eltern ist die Möglichkeit des regelmäßigen Kontakts mit einem Therapeuten zu gewährleisten.

In stationären Einrichtungen ist ein Training am Vormittag anstatt einer Schulstunde zu empfehlen, um eine zusätzliche Belastung für die Kinder zu vermeiden. Unter ambulanten Bedingungen ist es am zweckmäßigsten, zwei Übungsstunden wöchentlich am Nachmittag durchzuführen.

Die gestellten Aufgaben sind vielseitig, abwechslungsreich und stellen Anforderungen an die verschiedensten Sinnesbereiche. Der Grad ihrer Komplexität wächst im Verlauf des Trainings an. Zunächst werden in einer Stunde 3, dann nur noch 2, jedoch entsprechend längere und schwierigere Aufgaben gestellt. Der Abstraktionsgrad der Aufgaben ist ansteigend. Damit wird auch der anfangs mehr spielerisch betonte Charakter zunehmend abgelöst von Problemstellungen, die wesentlich mehr Anstrengungsbereitschaft, insbesondere in puncto Durchhalten und Abwarten-Können erfordern.

Zum Repertoire gehören Suchbilder, Perlenfädeln (große und kleine Perlen, Auffädeln mit offenen und verbundenen Augen), Labyrinthe, Durchstreich- und Ergänzungsübungen, Bildvergleiche, Gedächtnisübungen (Kofferpacken, Einkaufen gehen, Memory), Puzzlespiele und im Schulalter Kopfrechnen. In den ersten Trainingstagen wird zum Erwerb einer adäquaten Arbeitshaltung wiederholt auf denselben Aufgabentyp unter Variation von Einzelmerkmalen zurückgegriffen, beispielsweise Perlenfädeln nach Muster, Perlenfädeln mit verbundenen Augen, Bildvergleiche mit unterschiedlichen Abstraktionsgraden, Merkübungen mit akustischer und optischer Aufgabendarbietung.

Alle Instruktionen im KTP orientieren vorwiegend auf die Qualität der Arbeit. Die Gesamtbearbeitungszeit ist stets recht tolerant vorgegeben, damit die Kinder ohne Zeit- und Leistungsdruck arbeiten können. Das dennoch bestehende Zeitlimit dient vorwiegend der Vermeidung von »Nebentätigkeiten«. Im Vorschulalter wurde auf die Vorgabe von Zeitwerten für die einzelnen Aufgaben gänzlich verzichtet, um dem Therapeuten genügend Variationsmöglichkeiten zu eröffnen.

Zur selbstständigen Arbeitsorganisation erhalten die Kinder Rückmeldungen über die noch zur Verfügung stehende Zeit in beschreibender Art (»Jetzt müsst ihr etwa die Hälfte geschafft haben«). Bei Kopfrechenaufgaben werden die Kinder direkt zur Antwortverzögerung angehalten; jede Aufgabe darf nur einmal gestellt werden, die Kinder haben nur eine Antwortmöglichkeit, aber keine zeitliche Begrenzung.

Bei manchen Aufgaben vor allem gegen Ende des Trainings-Programms kann die Trainerrolle zeitweise an ein Kind übertragen werden, um durch diesen Perspektivenwechsel das Einfühlen in andere Personen und deren Rollen zu fördern. Hier ist dann eine Nachbesprechung zu Verhalten und Erleben unerlässlich.

Jede Trainingsstunde beginnt mit einer kurzen Retrospektive, vorrangig den letzten Trainingstag betreffend. Es wird auf den aktuellen Punktestand und auf die am letzten Tag erzielten Punkte eingegangen. Typische Probleme des Arbeitsverhaltens, speziell die Gegenüberstellung extremer Arbeitsweisen und entsprechender Ergebnisse werden in der Gruppe besprochen, es wird auf Erfahrungen von bereits durchgeführten Aufgaben aus der Sicht der aktuellen Problemstellung eingegangen. Die qualitätsorientierte Arbeitsweise steht im Mittelpunkt aller Betrachtungen.

Jedes Kind sollte grundsätzlich dazu angehalten werden, zu Beginn einer jeden Trainingsstunde einzuschätzen, wie viel Punkte es heute erreichen wird. Über diesen Weg sollen die

Kinder zu einer realistischen Selbsteinschätzung geführt werden. Anfangs ist zu beobachten, dass die Kinder sich im Allgemeinen überschätzen und die Kluft zwischen Wollen und Können relativ groß ist. Nach etwa vier bis fünf Sitzungen beginnt sich im Allgemeinen ein Wandel hin zu realistischeren Selbsteinschätzungen abzuzeichnen.

Nach jeder bearbeiteten Aufgabe erfolgt eine kurze Auswertung sowie eine Punktevergabe. Die Einzelergebnisse werden besprochen, dabei wird auf Besonderheiten hingewiesen; die Kinder tragen danach für jede Aufgabe ihre Punkte selbst in das am Ende des Arbeitsheftes befindliche Überblicksblatt ein. Die dabei entstehende Pause sollte betont kurz gehalten werden und vor allem dem Motivationsaufbau für die folgende Aufgabe dienen. Es empfiehlt sich nicht, zwischen den einzelnen Aufgaben einer Trainingseinheit »Bewegungsspiele« durchzuführen, hier kommen allenfalls Entspannungsübungen in Frage (ein kurzes Spiel mit mehr motorischen Aktivitäten ist eventuell am Ende der Einheit sinnvoll, sofern die Zeit dafür ausreicht).

Nach Abschluss einer Trainingsstunde werden die Einzelpunkte summiert und der tägliche Gesamtpunktwert in die Übersicht eingetragen. In der Nachbesprechung werden die erreichten Werte aller Kinder vorgelesen und besondere Einzelergebnisse diskutiert. Dabei kommt es darauf an, die Aktivität der Kindergruppe herauszufordern.

Nach 10 Trainingstagen erfolgt eine erste Bewertung des Gesamtpunktestands. Zu Beginn des Trainings ist gemeinsam ein zu erzielender Richtwert festzulegen (60 – 80 % des Gesamtpunktwerts). Ist dieser erreicht, können die Kinder an einer kleinen Extraveranstaltung teilnehmen, die ebenfalls im Voraus nach den Wünschen der Kinder festgelegt wird. Es ist anzustreben, dass alle Kinder dieses Ziel erreichen, das in erster Linie der Motivation dient.

Für die Trainingstage 11 bis 20 wird dann eine neue »Zielprämie« vereinbart, die in den Augen der Kinder größere Attraktivität besitzt (z. B. Gartenfest mit Lagerfeuer, Bratwurstessen und verschiedene Spiele usw.).

Die erhöhte »äußere« Motivation ist für die geplante Fortführung des Trainings notwendig, da der Anforderungscharakter der Aufgaben steigt.

In allen Fällen, in denen das KTP nicht vom Schulpsychologen oder vom Beratungslehrer durchgeführt wird, ist eine Kontaktaufnahme zum Klassenleiter bereits vor Beginn des Trainings zweckmäßig, um mit diesem gemeinsam zum einen das Ausgangsverhalten des Kindes zu analysieren und zum anderen die Ziele des KTP und die möglicherweise unter dem Training zu registrierenden Verhaltensänderungen des Kindes zu besprechen. Während des gesamten Trainings ist es wichtig, die Verbindung zum Lehrer aufrechtzuerhalten, eventuell ist er in die Zwischenauswertung, auf alle Fälle jedoch in die Endauswertung einzubeziehen.

Therapeutische Prinzipien

Grundsätzliches

Ausgangspunkt des therapeutischen Vorgehens sind verhaltenstherapeutische Grundüberlegungen, die darauf zielen, die Reduktion inadäquaten mit gleichzeitigem Aufbau adäquaten Verhaltens zu kombinieren.

Aus diesem Grund sei diesem Kapitel die Erklärung einiger verhaltenstherapeutischer Fachtermini in alphabetischer Ordnung vorangestellt.

Aversive Kontrolle
Damit ist gemeint, dass durch Bestrafung ein inadäquates Verhalten abgebaut werden kann. Bestrafung ist hier mehr im »technischen Sinn« zu begreifen.

Entzug positiver Verstärker
Rücknahme von positiven Verstärkern durch den Therapeuten (z. B. Rückgabe von ⇒ Token, über die das Kind bereits verfügt). Diese Technik sollte sehr vorsichtig gehandhabt werden.

Fading
(Schrittweiser) Rückzug des Therapeuten von der unmittelbaren Hilfestellung, um dem Kind selbstständiges Handeln zu ermöglichen.

Impulsivität/Reflexivität
Mit dem kognitiven Reaktionsstil Impulsivität/Reflexivität

werden individuelle Besonderheiten des Entscheidungsverhaltens beim Problemlösen beschrieben. Impulsives Verhalten ist gekennzeichnet durch: rasches Ansprechen auf äußere Reize, Vernachlässigung inneren Handelns, Wahl beliebiger Hypothesen bei ungenügender Berücksichtigung ihres Wahrscheinlichkeitsgrades, Handeln ohne sorgfältige Reflexion und unüberlegte Entscheidungen. Dem reflexiven Reaktionsstil entspricht dagegen besonnene interne Hypothesenprüfung sowie überlegtes, abwägendes und bedachtsames Entscheiden.

Konditionierungsprinzipien
Theoretische Grundannahmen über das Erlernen von Verhaltensweisen. Unter »klassischem Konditionieren« (PAWLOW) wird die Bildung bedingt reflektorischer Verbindungen zwischen ursprünglich neutralen Reizen und einer Reaktion verstanden. Im Unterschied dazu gehen instrumentelles (THORNDIKE) beziehungsweise operantes (SKINNER) Konditionieren davon aus, dass Verhaltensweisen über die Verknüpfung von Reaktionen und Konsequenzen erlernt werden. Konditionierungsprinzipien beschreiben wesentliche Grundformen des Lernens. Menschliches Lernen lässt sich jedoch nicht darauf reduzieren.

Modelllernen
Aneignung neuer Verhaltensweisen über die Beobachtung des Verhaltens anderer und der Konsequenzen, die diesem Verhalten folgen. Die Wirksamkeit des Modelllernens in der Psychotherapie wird von der Identifikationsbereitschaft des Kindes mit dem »Modell« stark beeinflusst.

Negative Verstärkung
Gemeint ist, dass eine unangenehme Verhaltenskonsequenz, die mit der Ausführung des Verhaltens verbunden ist, entfernt wird. Dadurch erhöht sich die Auftrittswahrscheinlichkeit des erwünschten Verhaltens.

Positive Verstärkung
Hier handelt es sich um Konsequenzen auf ein Verhalten, die belohnenden Charakter für das Kind haben. Durch positive Verstärkung werden Verhaltensweisen verfestigt und ihre Auftrittswahrscheinlichkeit erhöht sich.

Prompts
Damit sind Hilfestellungen durch den Therapeuten gemeint, die dem Kind ein korrektes Ausführen des Verhaltens beziehungsweise von Verhaltenselementen ermöglichen.

Selbstinstruktionstraining
Eine von MEICHENBAUM entwickelte Behandlungsmethode, die darauf abzielt, die Fähigkeit zur eigenständigen Strukturierung einer Handlung zu erhöhen, um damit effektiveres Verhalten zu ermöglichen.

Selbstverbalisation
Hier sowohl Technik des Selbstinstruktionstrainings als auch Fähigkeit des Kindes, sich das »Was und Wie« des eigenen Tuns zu vergegenwärtigen, das eigene Verhalten während der Ausführung durch Selbstanweisungen zu steuern und das Ergebnis bewusst zu kontrollieren.

Shaping
Hierunter versteht man den Aufbau komplexer Verhaltensweisen durch Verstärkung von Verhaltenselementen, die bereits in Richtung auf das angestrebte Verhalten weisen.

Therapeut-Kind-Beziehung
Tragende Grundlage der Beziehung zum Kind sind mitmenschliche Wärme, Annehmen des Kindes wie es ist, Erkennen von Gefühlen des Kindes, Förderung von Gefühlsäußerungen beim Kind und Reflexion von Gefühlen. Darüber hinaus sind als spezifische Elemente der Therapeut-Kind-Beziehung bei verhaltensformenden Techniken wie dem KTP anzusehen: gemeinsame Definition von Lernzielen, Vermitt-

lung spezifischer Verhaltensmuster, Anregung einer eigenständigen Verhaltenskontrolle, konsequente Produktion von Modellverhalten.

Token
Dieses Wort lässt sich mit »Eintauschverstärker« umschreiben. Bei Erreichen einer vereinbarten Anzahl von Token (z. B. Punkte für angemessenes Verhalten) werden diese in einen vom Kind selbst gewählten oder vorher vereinbarten Verstärker (materielle Belohnung, soziale Aktivität) eingetauscht.

Tokensystem
Mit dem Kind vereinbartes Verstärkersystem (z. B. Punktbewertung im KTP), um ein bestimmtes Verhaltensmuster zu erreichen.

Im praktischen Vorgehen wird zunächst versucht, den Kindern zu verdeutlichen, dass oberflächliches und flüchtiges Arbeiten zu fehlerhaften Lösungen führt, und ihnen zugleich das Zutrauen zu vermitteln, dass diese Probleme durch eigene Leistungsmöglichkeiten zu lösen sind, dass ein entsprechendes Vorgehen erlernbar ist und ihnen dabei geholfen werden kann. Ein kritischer, selbstreflektierender Bezug der Kinder zur eigenen Arbeitsweise im Sinne eines echten Problembewusstseins ist in dieser Altersgruppe kaum erreichbar. Es ist jedoch möglich, den Kindern anhand konkreter Beispiele die Ursachen eigener Fehler und Leistungsschwierigkeiten zu zeigen und ihnen bei der Selbstkorrektur zu helfen. Dazu werden Übungen angeboten, die intellektuell nicht schwierig sind, aber zu ihrer Lösung Aufmerksamkeit und aktive Bemühungen erfordern. Von Anbeginn wird besonderer Wert auf die Qualität der Arbeit gelegt, auf die Nutzung von Zeitreserven für die Aufgabenlösung und die selbstständige Kontrolle der Ergebnisse. Nicht der Wettkampf darf im Vordergrund stehen, sondern die stetige sorgfältige und überlegte Lösungsbemühung unter Ausnutzung der vorgegebenen Zeit. Das verhaltenstherapeutische Methodenrepertoire wird zum Erwerb dieser neuen Arbeitshaltung eingesetzt.

Vor allem in der Anfangsphase des Trainings werden graduelle Annäherungen des gezeigten an das gewünschte Verhalten vom Trainer im Sinne des Shaping gezielt verstärkt, auch wenn nur geringgradige Veränderungen bezüglich des Therapiezieles erreicht wurden. Individuelle Hilfestellungen und konkrete Hinweise des Trainers – Prompts – nehmen zunächst einen großen Umfang ein, zunächst ist erst einmal an die Bearbeitung fremd gestellter Aufgaben heranzuführen. Über eine großzügige Punktebewertung (Tokensystem) wird versucht, die Kinder »von außen« zusätzlich und unabhängig vom Trainer zu bekräftigen und zu motivieren. Allmählich und nuanciert eingeleitet, erlangen auch kritische Bemerkungen des Trainers als Form aversiver Kontrolle zunehmende Bedeutung für die Verhaltenssteuerung, speziell bei wiederholt fehlerhaftem Arbeiten. Der Kombination von positiver Verstärkung und aversiver Kontrolle kommt auch bei der Fehleranalyse der täglichen Auswertung der Arbeitsweise und der Arbeitsergebnisse entscheidende Bedeutung zu.

Im weiteren Verlauf des Trainings erfolgt dann bei zunehmender Festigung des gewünschten Verhaltens ein langsames Ausblenden der ausdrücklichen Bestätigungen durch den Trainer nach Art des Fading. Besonders in der zweiten Trainingsperiode steht ein mehr und mehr eigenständiges Handeln im Vordergrund. Auch die Punktebewertung wird strenger gehandhabt; es gelingt nur noch selten, alle Punkte an einem Trainingstag zu erlangen. Es wird der realistische Bezug zur Aufgabe und zur eigenen Arbeitsweise angestrebt, was auch die adäquate Verarbeitung von Misserfolgserlebnissen einschließt.

Das beschriebene Punktesystem und die positiven und negativen sozialen Bekräftigungen seitens des Trainers entsprechen einer Kombination von Verstärkerplänen, die einerseits intermittierend direkte und individuelle Hinweise für das Kind, andererseits die kontinuierliche Punktebewertung umschließen. Der gleichsam objektive Charakter der Punktevergabe trägt außerdem entscheidend dazu bei, interpersonale Spannungen zwischen Therapeuten und bewertetem Kind vermeiden zu helfen. Durch das Punktesystem wird jedoch keine pädagogische Zensierung angestrebt; aktuell notwendige Modifikationen für optimale Verstärkerprozeduren sind möglich.

Bei aktiv störendem Sozialverhalten eines Patienten, welches die Weiterarbeit der gesamten Gruppe behindert, kann auch auf den Entzug positiver Verstärker als aversive Technik zurückgegriffen werden. Es bietet sich hierzu der Abzug von einmal erlangten Punkten an. In der Tagesbewertung sollte dies speziell vermerkt und verrechnet werden. Dieses Vorgehen erweist sich auch bei Kindern mit stark gestörtem Sozialverhalten bei gezielter und dosierter Anwendung als nachhaltig wirksam.

Wichtig sind ebenfalls Bestandteile des Selbstinstruktionstrainings bzw. der Selbstverbalisation, wie sie von MEICHENBAUM (1979) zusammenfassend dargestellt wurden. Grundsätzliche Prinzipien wurden im vorliegenden Programm übernommen; gegebene Ergänzungen und Hilfestellungen waren bei der Arbeit mit verhaltensauffälligen Kindern von besonderem Wert. Es ist wichtig, den Kindern einen systematischen Arbeitsstil zu vermitteln, was ihnen anhand von vier Teilschritten nahe gebracht werden soll. Deren bewusste Anwendung wird unter anderem über die Prinzipien der Selbstverbalisation zu festigen versucht:

1. *Problembestimmung* – Was soll ich tun?, z. B. »Unterschiede zwischen zwei Bildern herausfinden«.
2. *Art der Ausführung* – Wie soll ich es tun?, z. B. »Teil für Teil der Reihe nach vergleichen«.
3. *Aufgabenbezogene Selbstanweisung* – z. B. »Sieht dieser Baum genauso aus wie jener Baum?«
4. *Selbstständige Überprüfung der Ergebnisse* – z. B. »Ist alles richtig? Fehlt nichts?«

Besonders zu Beginn des Trainings werden konkrete Fragen des Trainers zu den Programmschritten gestellt. Das selbstinstruierende Vorgehen wird als »Geheimtipp« für erfolgreichere Aufgabenlösungen angeboten, jedoch nicht zur Pflicht erklärt. Entsprechend arbeitende Kinder werden jedoch massiv sozial verstärkt. Es wird in der täglichen Auswertung und Fehleranalyse als »fester Programmpunkt« auf diese Art des Vorgehens eingegangen. Außerdem wird versucht, die Kinder in eine Diskussion über verschiedene Lösungsmöglichkeiten und Arbeitsstile bei unterschiedlichen Aufgaben einzubeziehen. Sie werden gefragt, wie ein Kind eine Aufgabe ähnlicher Art adäquat bearbeiten könnte, welchen Rat man dabei jemandem geben und was man selbstinstruierend bei der Aufgabenbearbeitung sagen würde. Gelingt es, die Kinder zu Aufgaben begleitendem Sprechen, zu verbaler Selbstanweisung, sei es leise Vor-sich-Hinsprechen oder auch nur bruchstückhaft intern, zu bringen, verbessern sich ihre Sorgfaltsleistungen deutlich.

Ohne besondere Hinweise an die Kinder wird von Anbeginn ein unbewusstes Modelllernen angestrebt, wobei dem Trainer die Funktion des Modells zukommt. Er hat die Aufgabe, während des Trainings ein allgemein ruhiges und überlegtes Vorgehen zu zeigen. Besonderer Wert kommt dem Modelllernen bei der Ergebniskontrolle zu: Der Trainer führt hier kontrollierend die Aufgaben der Kinder durch, wobei der Aufforderungscharakter zur analogen Nachahmung groß ist. Dies trifft auch auf die Prinzipien der Selbstverbalisation zu: Der Trainer weist durch sein anfangs lautes, später nur noch leises und bruchstückhaftes, aber eindeutig erkennbares Vor-sich-Hinsprechen auf die persönliche Anerkennung dieser Prinzipien hin.

Das gesamte Verfahren ist jedoch nur sinnvoll, wenn eine ausreichend stabile emotionale Beziehung zwischen Kindern und Therapeuten hergestellt werden kann. Das Training sollte sich grundsätzlich in einer Atmosphäre emotionaler Zuwendung und des einfühlenden Verstehens vollziehen. Das Kind muss erleben, dass etwas um seinetwillen geschieht, dass es selbst über die Fähigkeit zur Aufgabenlösung verfügt und dass gemachte Fehler nicht persönliche Niederlagen, sondern Lernmöglichkeiten für zukünftig erfolgreicheres Arbeiten darstellen. Durch die bewusste Einbeziehung dieser emotionalen Faktoren geht ein derartiges Übungsprogramm über ein ausschließlich symptomorientiertes Verfahren hinaus und erhält eine »Türöffnerfunktion« auch für weitergehende therapeutische Bemühungen.

Ergänzende Hinweise

Aus der bisherigen praktischen Anwendung bei über 1000 konzentrationsgestörten Grundschulkindern in den zurückliegenden Jahren lassen sich einige Erfahrungen formulieren, die für den erfolgreichen Einsatz des KTP in der 3. und 4. Klasse wichtig sind.

Erste Trainingsstunde

Das Therapeutenverhalten ist der Struktur des Programmablaufs anzupassen. Die erste Trainingsstunde sollte zunächst dafür genutzt werden, den Kindern an aktuellen Beispielen aus ihrem Schul-Alltag zu verdeutlichen, dass sie bei manchen Aufgaben Fehler machen, obwohl sie prinzipiell zur erfolgreichen Problemlösung in der Lage gewesen wären. Dabei wird angekündigt, dass sie durch das jetzt einsetzende Übungsprogramm Techniken erlernen können, derartige Fehler zu vermeiden, und dass dies besonders für ein erfolgreiches Lernen wichtig ist. Anhand der drei kleinen Aufgaben des ersten Tages wird das praktische Vorgehen illustriert. Es wird ihnen gesagt, dass sie durch die während des Konzentrationstrainings-Programms vermittelten »Tricks« und »Geheimrezepte« besser als andere, auf alle Fälle aber besser als bisher, lernen können.

Erste Therapieperiode

Die nächsten Trainingstage dienen dann mit vielen Hilfen bei der Aufgabenbearbeitung der Annäherung an das gewünschte

Arbeitsverhalten. Eingesetzte verhaltenstherapeutische Prinzipien sollten einfach strukturiert sein und zunächst vorrangig auf der Verstärkung (Lob, Token) beruhen. Vorzeitige kritische Bemerkungen wirken zumeist affektiv blockierend und hemmen die Weiterarbeit. Dennoch ist es zunehmend erforderlich, auf unangemessenes Arbeitsverhalten und fehlerhafte Lösungen hinzuweisen. Derartige kritische Bemerkungen sind individuell anzupassen und sollten vorwiegend dem Einzelgespräch vorbehalten bleiben, um unnötige emotionale Frustrationen des Kindes zu verhindern.

Bei den Grundschülern der 3. und 4. Schulklasse wird in der ersten Trainingsperiode viel Wert auf die selbstständige Nutzung von vier allgemeinen Handlungsanweisungen gelegt:

1. Auf den Trainer achten und zuhören, wenn eine Aufgabe gestellt wird.
2. Die Aufgabe für sich selbst wiederholen und dabei nachdenken, »was soll ich tun?«, »wie ist die Aufgabe zu bewältigen?«.
3. Die Aufgabe selbstständig lösen, also mehr auf sich selbst als auf den Nachbarn achten.
4. Zum Schluss immer die Aufgabe auf Richtigkeit kontrollieren (Ziel-Ergebnis-Vergleich).

Zweite Therapieperiode

In der zweiten Therapieperiode kommt es darauf an, dass sich der Trainer zunehmend von unmittelbaren Hilfestellungen bei der Aufgabenlösung zurückzieht. Das eigentliche Ziel des Programms liegt ja letztlich darin, die Kinder zu selbstständigen und sorgfältigen Lösungsbemühungen zu befähigen.

Deshalb darf der Therapeut seine Funktion nicht darin sehen, die Kinder durch seine Aktivitäten zu fehlerfreien Resultaten zu führen. Vielmehr sollte er sich auf die Rolle des Vermittlers effektiver Arbeitstechniken beschränken, der mit den anwachsenden Fähigkeiten der Kinder zunehmend weniger selbst einzugreifen braucht. Unsere Erfahrungen lassen erkennen, dass bereits Kinder der 1. und 2. Schulklasse sich untereinander auf Fehler aufmerksam machen können, besonders dann, wenn diese aus der Nichtbeachtung der Handlungsanweisung resultieren. Diese gegenseitige Hilfe gilt es in der 3. und 4. Klasse verstärkt zu nutzen.

In der zweiten Trainingshälfte sollte deshalb jeweils ein Kind der Trainingsgruppe die Zielstellung der Aufgabe mit eigenen Worten wiederholen (z. B.: »Ich soll auf dem vor mir liegenden Arbeitsblatt alle Tiere suchen und kennzeichnen.«, »Ich soll die Figuren mit unterschiedlichen Farben ausmalen, und zwar die Mütze rot, das Blatt grün, den Ball blau und den Eimer gelb.«).

Die anderen Kinder achten auf Vollständigkeit und Richtigkeit der Wiedergabe.

Selbstinstruktionstraining

Bestandteile des Selbstinstruktionstrainings können im Allgemeinen erst in der zweiten Trainingshälfte voll wirksam werden. Bevor sich dieses Vorgehen als sinnvoll erweist, müssen die Kinder die einfachen Konditionierungsprinzipien: »richtiges beziehungsweise ausreichendes Verhalten = Lob und viele Punkte; unzureichendes Vorgehen = Kritik und wenig Punkte« angenommen haben.

Dies ist bei Schülern der 3. und 4. Schulklasse nicht immer einfach. Der Trainer muss darauf achten, dass nicht der Wettkampf im Vordergrund steht, sondern die qualitativ gute Lösung einer jeden Aufgabe, also sauber, genau, richtig.

Dieses Prinzip ist die Grundlage der täglichen Punktebewertung.

Die verbale Selbstinstruktion stellt eher eine zusätzliche und aufbauende Orientierungshilfe auf bereits bestehenden Fertigkeiten dar. Sie sollte nicht um des Prinzips willen eingesetzt werden, sondern nur dann, wenn das bisherige Vorgehen wirksam unterstützt werden kann. Bei massiv auffälligen Kindern wird man die gesamte Trainingsperiode manchmal nur mit den Grundprinzipien der Konditionierung und der traditionellen Verhaltenstherapie arbeiten müssen, die für die Patienten einen überschaubareren Rahmen bieten, als ein zusätzliches Vorgehen einzufügen, das dann eventuell desorientierend wirkt.

Modellfunktion der Übungen

Grundsätzlich sind die im Programm enthaltenen Übungsaufgaben lediglich als Vehikel anzusehen, an denen die Kinder einen angemessenen Arbeitsstil erlernen können. Es geht nicht darum, besonders schnelle und perfekte Lösungen zu erzielen, sondern vielmehr darum, anhand vorgelegter konkreter Aufgaben die systematische Abfolge und die sinnvolle Integration der einzelnen Lösungsschritte zu erkennen und zu üben.

Differenzierte Bekräftigung

Es ist nötig, richtige Ansätze und zielorientierte Bemühungen der Kinder differenziert zu bekräftigen. Die Kinder sollen genau erfahren, was in ihrem Vorgehen gut oder schlecht für die Aufgabenlösung war. Unspezifische allgemeine Belobigungen sind wenig effektiv und können sogar irritierend wirken.

Dies gilt bei jungen Grundschulkindern besonders auch für das Ende einer jeden Sitzung. Hier ist das Geschehen vom Trainer einerseits zusammenzufassen, andererseits eine differenzierte Punktevergabe zu begründen.

Umfang von Erklärungen und Hinweisen

Alle getroffenen Erklärungen und Hinweise für die Kinder sollten möglichst kurz und spezifisch sein. Vorschulkindern und jungen Schulkindern ist es prinzipiell nur schwer möglich, längeren Erläuterungen zu folgen und sie dann in eigenes zielgerichtetes Handeln umzusetzen. Bei konzentrationsgestörten Kindern tritt dies noch stärker in Erscheinung.

Aus diesem Grunde sollten die steuernden Hinweise eindeutig und einprägsam sein:

1. Hört zu! Seht her! Passt auf!
2. Warte! Wiederhole! Überlege! Wie mache ich das?
3. Fangt an! Beginnt!
4. Achte nur auf Dich selbst! Wir vergleichen später gemeinsam!
5. Schaut nochmals nach! Kontrolliert! Ist alles richtig?

Therapeut-Kind-Beziehung

Die Beziehungen zwischen dem Therapeuten und den Kindern sollten freundlich und wohlwollend, jedoch vorrangig sachlich und nicht zu sehr persönlich orientiert sein. Ziel der Übungen ist es, konzentrative Leistungen zu verbessern und damit vom Kind auch Leistungen zu fordern. Dies kann nicht in einer autoritätsaufgelösten, vorwiegend emotionalen Atmosphäre geschehen. Besonders in späteren Trainingsabschnitten, in denen kritische Hinweise an Bedeutung zunehmen, führt ein übermäßig stark emotional geprägtes Klima bei den Kindern zu Schwierigkeiten, kritische Hinweise und Misserfolge verarbeiten zu können.

Fehlerauswertung

Fehler bei der Aufgabenlösung sollten vom Trainer nicht bagatellisiert, sondern gemeinsam mit den Kindern in ihren Ursachen herausgearbeitet werden. Sie haben die Funktion von Lernmöglichkeiten für erfolgreicheres Arbeiten. Der Fehlerkorrektur kommt deshalb eine besondere Bedeutung zu, was auch bei der zeitlichen Planung zu berücksichtigen ist.

Kritik

Kritische Hinweise müssen stets sachbezogen bleiben und dürfen nicht einen moralisierenden Charakter annehmen. Gerade konzentrationsgestörte Kinder sind aufgrund ihrer Anamnese besonders empfindsam und erleben oftmals auch sachliche Kritik als persönlichen Tadel. Ein formales Registrieren des Fehlers regt das Kind eher zum Nachdenken an als eine moralisierende Auswertung.

Therapeutische Erwartungen

Bezüglich der Effektivität des Programms sind übertriebene Erwartungen unangebracht. Sie verstellen nur den Blick für erreichbare Teilerfolge. Die Annahme, durch ein 20-stündiges KTP schwere Konzentrationsstörungen von Kindern vollständig beheben, »heilen« zu können, wäre eine Illusion. Überzogene therapeutische Ansprüche können das einzelne Kind sogar überfordern. Bei realistischer Einschätzung der Leistungsfähigkeit der Kinder ist es allerdings möglich, ihre Konzentrationsleistungen in psychometrisch objektivierbarem Ausmaß zu verbessern. Die Kinder arbeiten nach dem Training ausdauernder, sorgfältiger und umsichtiger, dabei auch selbstständiger. Diese in *jedem Fall eintretende individuelle Verbesserung* verdient nach unserer Ansicht unbedingt hervorgehoben zu werden.

Diagnostische Zusatzinformationen

Die praktische Durchführung des KTP ermöglicht dem Therapeuten einen unmittelbaren Einblick in das Leistungsverhalten des einzelnen Kindes. In der gemeinsamen Bearbeitung und Auswertung der vorgelegten Aufgaben wird deutlich, wie das Kind Anweisungen aufnimmt, Hilfen verarbeitet, zuzuhören und aufzugliedern in der Lage ist, Probleme unterschiedlicher Art lösen und seine eigene Tätigkeit strukturieren kann. Zusätzlich zur unmittelbaren Verbesserung der Konzentrationsleistungen ermöglicht das KTP durch die Beeinflussung der Leistungsmotivation die Vermittlung von Lernerfolgen und damit die Stärkung des Selbstvertrauens, wodurch übergreifende therapeutische Einflussnahmen auf das Leistungs- und Sozialverhalten der Kinder möglich werden.

Prä-Post-Vergleiche

Über den wiederholten Einsatz psychodiagnostischer Verfahren wird es möglich, die erreichten Veränderungen in den konzentrativen Fähigkeiten, im leistungsorientierten Verhalten und die bessere Verfügbarkeit über die intellektuellen Fähigkeiten zu objektivieren und zur Veranschaulichung des Therapieerfolgs, zur Festigung des Selbstvertrauens und des Selbstwertes sowie zur Beeinflussung der personellen Beziehungsstrukturen des Kindes zu nutzen.

Trainingsaufgaben und Durchführungsanleitung

1. Tag

Aufgabe A: Zuordnen

MATERIAL: Arbeitsblatt mit Fadenlabyrinth, Bleistift

INSTRUKTION:
- Vor jedem liegt eine Abbildung:
  Auf der linken Seite sind Zahlen angegeben; von jeder Zahl aus ist ein »Faden« (eine Linie) abgeleitet (Demonstration durch Trainer).
  Jeder dieser »Fäden« (Linien) endet auf der rechten Seite in einem Buchstabenfeld (Demonstration durch Trainer).
- Am Beispiel der oberen Abbildung zeige ich euch, wie ihr die Aufgabe lösen könnt (Trainer demonstriert am Beispiel).
  Ihr sollt in der unteren Abbildung vom Zahlenfeld 1 bis 6 ausgehend jeweils die Linie mit den Augen verfolgen und feststellen, in welchem Buchstabenfeld die Linie endet (Die Schüler dürfen die Linien *nicht* mit dem Finger oder Bleistift nachziehen).
- Jede Lösung, die ihr gefunden habt, tragt ihr in das Arbeitsblatt über den vorgegebenen Zahlen ein.
- Bei richtiger Zuordnung der Buchstaben zu den Zahlen ergibt sich ein sinnvolles Wort.
- Ihr habt dafür 10 Minuten Zeit.

Beispiel:

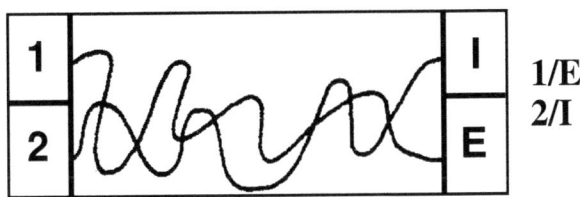

Aufgabe B: Lebensmittel, die man im Supermarkt kaufen kann

MATERIAL: Papier, Bleistift

INSTRUKTION:
- Wir spielen »Einkaufen«; dazu gehen wir in einen Supermarkt (eine große Kaufhalle).
- Eingekauft werden nur Lebensmittel; was ihr kauft, schreibt ihr auf den Zettel, der vor euch liegt.
- Ihr habt insgesamt 5 Minuten Zeit.
- Jeder bemüht sich, in dieser Zeit möglichst viele Lebensmittel einzukaufen.

Aufgabe C: Ergänzen fehlender Teile

MATERIAL: Arbeitsblatt (Schiffe ergänzen), Bleistift, Buntstifte

INSTRUKTION:
- Jeder von euch hat ein Arbeitsblatt mit Abbildungen von Schiffen vor sich liegen.
- Das Schiff links oben hat alle Segel und Taue. Es ist eure Vorlage (Trainer demonstriert).
- Alle anderen Schiffe sind in einen schweren Sturm geraten und haben allerhand verloren.
- Eure Aufgabe besteht darin, die fehlenden Teile zu ergänzen.
- Achtet dabei darauf, dass die Schiffe in unterschiedliche Richtungen fahren.
- Ihr habt dafür 20 Minuten Zeit.

Beispiel:

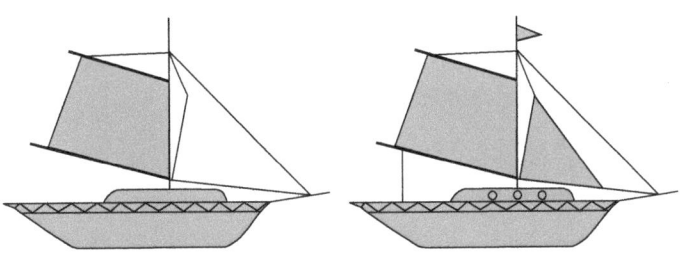

Punktebewertung 1. Tag

Aufgabe A

5 Linien richtig nach Zahl und Buchstabe zugeordnet	3 Punkte
4 Linien richtig nach Zahl und Buchstabe zugeordnet	2 Punkte
3 Linien richtig nach Zahl und Buchstabe zugeordnet	1 Punkt

Aufgabe B

20 und mehr Lebensmittel genannt	3 Punkte
15 – 19 Lebensmittel genannt	2 Punkte
10 – 14 Lebensmittel genannt	1 Punkt

Aufgabe C

mehr als 22 Details richtig ergänzt	4 Punkte
19 – 21 Details richtig ergänzt	3 Punkte
16 – 18 Details richtig ergänzt	2 Punkte
13 – 15 Details richtig ergänzt	1 Punkt

2. Tag

Aufgabe A: Perlenfädeln

MATERIAL: Fädelschnur, Perlen (z. B. diehl-Katalog, Art.-Nr. 64416) n = 150

INSTRUKTION:
- Jetzt sind Perlen aufzufädeln.
- Dazu erhaltet ihr rote, grüne, rosa, blaue und braune Perlen und eine Fädelschnur.
- Ihr sollt die Perlen genau nach folgender Reihenfolge auffädeln: abwechselnd eine rote, eine grüne, eine rosa, eine blaue und eine braune Perle.
- Damit ihr die Reihenfolge nicht vergesst, fädeln wir die ersten fünf Perlen gemeinsam auf; sie dienen dann als Vorlage für eure weitere Arbeit.
- Es kommt darauf an, dass ihr in der vorgegebenen Zeit möglichst viele Perlen auffädelt und die vorgeschriebene farbige Reihenfolge einhaltet.
- Ihr habt insgesamt 15 Minuten Zeit.
- Jetzt dürft ihr beginnen.

Aufgabe B: Fehlergeschichten

MATERIAL: Text der Fehlergeschichten zum Vortragen

INSTRUKTION:
- Ich lese euch jetzt einige kurze Geschichten vor.
- In jeder dieser kurzen Geschichten ist ein Fehler enthalten.
- Ihr hört genau hin, denkt nach und sucht heraus, was in der jeweiligen Geschichte nicht stimmen kann (falsch ist).
- Wer den Fehler gefunden hat, meldet sich.
- Überlegt genau und antwortet nicht voreilig; es darf auf eine Aufgabe nur einmal geantwortet werden.

- Es antwortet nur das Kind, welches von mir dazu aufgefordert wird.

1. Ein Mann geht zur Arbeit. Unterwegs fällt ihm ein, dass er seine Armbanduhr zu Hause vergessen hat. Da streift er seinen Ärmel hoch und sieht nach, ob er noch Zeit hat zurückzugehen, um sie zu holen.

2. Klaus und Peter gehen Pilze suchen. Klaus sagt: »Auf diesem Waldstück brauchst du nicht zu suchen, dort war ich schon vor einer Woche und habe alle Pilze aufgesammelt.«

3. Jemand erzählte: »Ich kenne einen Dieb, der in seinem ganzen Leben noch niemals jemandem etwas weggenommen hat.«

4. Der Direktor sagt zu seiner Sekretärin: »Bitte machen Sie eine Abschrift von diesem Brief. Sie dürfen ihn aber nicht lesen, er ist streng geheim.«

Aufgabe C: Gleich oder verschieden?

MATERIAL: Arbeitsblatt, Bleistift

INSTRUKTION:
- Vor euch liegt ein Arbeitsblatt mit Paaren von Pfeilen.
- Eure Aufgabe besteht darin herauszufinden, ob die Paare aus gleichen oder verschiedenen Pfeilen bestehen.
- Bei gleichen Paaren macht ihr hinter der zweiten Abbildung einen Punkt.
- Bei verschiedenen Paaren streicht ihr die zweite Abbildung durch.
- Wir arbeiten immer in einer Spalte abwärts.
- Arbeitet sorgfältig.
- Wir werden am Schluss vergleichen.
- Unten findet ihr 4 verschiedene Pfeile. Zählt aus, wie oft ihr diese auf dem Arbeitsblatt findet.
- Ihr habt dazu 15 Minuten Zeit.

Beispiel:

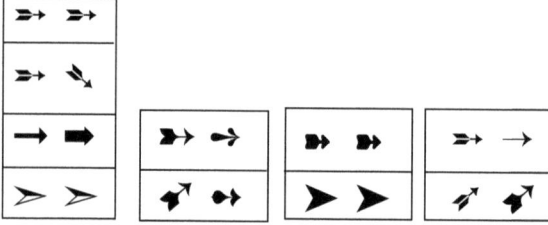

Punktebewertung 2. Tag

Aufgabe A

0 – 2 Fehler	4 Punkte
3 – 5 Fehler	3 Punkte
6 – 10 Fehler	2 Punkte
11 – 15 Fehler	1 Punkt

Wenn nach einer Verwechslung die neue Reihenfolge eingehalten wird, handelt es sich nur um einen Fehler. Bei Überschreitung der Zeitgrenze wird ein weiterer Punkt abgezogen.

Aufgabe B

Fehler gefunden	2 Punkte
Fehler mit Hilfe gefunden	1 Punkt

Aufgabe C

12 – 13 richtige Kennzeichnungen	4 Punkte
9 – 11 richtige Kennzeichnungen	3 Punkte
6 – 8 richtige Kennzeichnungen	2 Punkte
3 – 5 richtige Kennzeichnungen	1 Punkt

3. Tag

Aufgabe A: Gemeinsamkeiten und Unterschiede

MATERIAL: Arbeitsblatt mit Wortliste, Bleistift

INSTRUKTION:
- Vor euch liegt eine Wortliste. Die Wörter sind in 20 Reihen angeordnet.
- In jeder Reihe (Zeile) ist ein Wort enthalten, das nicht hineinpasst (Trainer demonstriert an einem zusätzlichen Beispiel).
- Sucht die falschen Wörter in jeder Reihe heraus, überlegt, warum sie nicht hineinpassen.
- In jeder Reihe ist nur ein falsches Wort enthalten, wenn ihr es gefunden habt, streicht es durch.
- Ihr habt dazu 10 Minuten Zeit.

Beispiel:

	Apfel	Birne	<u>Hemd</u>	Kirsche	Pflaume
1)	Erdbeere	<u>Lineal</u>	Pfirsich	Orange	Banane
2)	Zange	Hammer	Bohrer	Säge	<u>Radio</u>
3)	<u>Stroh</u>	Hund	Hamster	Maus	Katze
4)	Bein	Kopf	Hand	Hals	<u>Gardine</u>
5)	Tisch	<u>Ball</u>	Schrank	Stuhl	Bett
6)	Brot	Butter	<u>Bleistift</u>	Wurst	Käse
7)	<u>Klaus</u>	Jutta	Karla	Laura	Monika
8)	Handtuch	Zahnbürste	Spiegel	Kamm	<u>Fahrrad</u>
9)	Heidelberg	Berlin	Leipzig	München	<u>Erzgebirge</u>
10)	Rose	Tanne	Nelke	Veilchen	Tulpe
11)	<u>tanzen</u>	flüstern	schreien	rufen	sprechen
12)	rot	<u>verwaschen</u>	grün	weiß	gelb
13)	Zeitung	Buch	Zeitschrift	Atlas	<u>Zeichenblock</u>
14)	<u>schnell</u>	lang	tief	breit	hoch
15)	Flasche	<u>Uhr</u>	Topf	Kanne	Vase
16)	Frühling	<u>Sonntag</u>	Sommer	Winter	Herbst
17)	Vater	<u>Mann</u>	Mutter	Tochter	Sohn
18)	Bach	Teich	<u>Insel</u>	Fluss	Meer
19)	Weg	Steg	Straße	Autobahn	<u>Berg</u>
20)	Gemüse	Blumen	Sträucher	<u>Mauer</u>	Bäume

Aufgabe B: Tiere suchen

MATERIAL: Arbeitsblatt (SACHSENWEGER, R., SACHSENWEGER, U.: Sehübungen, Thieme, Leipzig, 1981, S. 65, Nr. 63), Bleistift

INSTRUKTION:
- Vor euch liegt ein Bild mit vielen Tieren.
- 5 von diesen Tieren sind je dreimal vorhanden.
- Sucht sie heraus, und schreibt sie auf.
- Ihr habt dazu 5 Minuten Zeit.

Beispiel:

Aufgabe C: Koffer packen

INSTRUKTION:
- Wir spielen heute »Koffer packen«.
- Jedes Kind packt einen Gegenstand in den Koffer; es muss aber immer alle Gegenstände mitnehmen, die vorher schon »eingepackt« wurden; die Reihenfolge ist gleichgültig. (Die Anwendung der Spielregel wird durch ein einmaliges Üben verdeutlicht, jedes Kind kommt einmal dran.)
- Nun beginnen wir unser Spiel.
- Wer einen Gegenstand vergisst, muss ausscheiden. (Gesamtdauer etwa 5 bis 10 Minuten)

Beispiel: »Koffer packen«

Der Gruppenleiter sagt:	Ich packe in meinen Koffer ein Hemd ein.
Der erste Teilnehmer sagt:	Ich packe in meinen Koffer ein Hemd und eine Hose ein.
Der nächste Teilnehmer sagt:	Ich packe in meinen Koffer ein Hemd, eine Hose und ein Taschentuch ein.
	usw.

Punktebewertung 3. Tag

Aufgabe A

14 – 15 Reihen richtig	4 Punkte
11 – 13 Reihen richtig	3 Punkte
8 – 10 Reihen richtig	2 Punkte
6 – 7 Reihen richtig	1 Punkt

Aufgabe B

4 – 5 Tiere gefunden, die dreimal vorhanden sind	3 Punkte
2 – 3 Tiere gefunden, die dreimal vorhanden sind	2 Punkte
1 Tier gefunden, das dreimal vorhanden ist	1 Punkt

Aufgabe C

10 Dinge gemerkt	3 Punkte
8 und 9 Dinge gemerkt	2 Punkte
6 und 7 Dinge gemerkt	1 Punkt

Bemerkung: Die maximale Anzahl der Gegenstände, die das Kind nennt, wird bewertet, auch wenn die Aufzählung nicht vollzählig ist.

4. Tag

Aufgabe A: Ausmalen

MATERIAL: Arbeitsblatt, Buntstifte (rot, gelb, grün, braun)

INSTRUKTION:
- Auf dem vor euch liegenden Blatt seht ihr Obst und Gemüse abgebildet:
  - malt eine grüne Birne
  - einen rotgelben Apfel
  - eine gelbe Banane
  - eine rote Möhre
  - eine braune Zwiebel
- Malt die nicht ausgemalten Dinge entsprechend dem vorgegebenen Muster reihenweise nacheinander genauso aus.
- Ihr bekommt 15 Minuten Zeit.
- Beachtet die Ränder genau:
  - nichts weiß lassen
  - nicht übermalen.
- Es kommt darauf an, dass ihr zügig, aber exakt arbeitet.

Beispiel:

grün   rotgelb   gelb   rot   braun

Aufgabe B: Fragen zu einer Geschichte beantworten

MATERIAL: Text der Geschichte zum Vorlesen, Papier und Bleistift

INSTRUKTION:
- Ich lese euch jetzt eine Geschichte vor.
- Hört aufmerksam zu.
- Merkt euch die Namen aller Kinder, die in der Geschichte vorkommen.
- Ihr sollt nach dem Vorlesen aufschreiben, wie die Kinder hießen, die in der Geschichte vorkamen.
- Danach werde ich die Geschichte noch einmal vorlesen und ihr könnt fehlende Namen ergänzen.

Geschichte:
Peter sitzt zu Hause und langweilt sich. Plötzlich klingelt es. René und Torsten stehen vor der Tür und holen Peter zum Fußballspielen ab. Klaus, Ute und Kerstin warten schon auf dem Spielplatz. Sie wollen auch mitspielen. Peter schimpft, er will nicht mit Mädchen spielen. Lieber geht er seine Klassenkameraden Gerd und Michael vom Hort abholen. Sie spielen bestimmt auch mit. Peter, René und Torsten gehen über die Straße und wollen zum Hort. Da sehen sie in einem vorbeifahrenden Auto die Brüder Gerd und Michael, die von ihrem Va-

ter bereits aus dem Hort abgeholt wurden. Die drei Jungen ärgern sich, jetzt müssen sie doch mit den Mädchen Fußball spielen. Als Peter zum Abendbrot nach Hause kommt, fragt der Vater ihn, was er alles am Tag gemacht hat. Peter erzählt vom Fußballspielen und muss zugeben, dass die Mädchen Ute und Kerstin gar nicht schlecht spielten.

Zusatzfragen:
1. Was wollten die Kinder spielen?
2. Warum konnten die beiden Jungen aus dem Hort nicht mit Fußball spielen?
3. Wann und wem erzählt Peter über das Fußballspiel?
4. Was muss Peter bei seinem Bericht über das Fußballspiel zugeben?

Aufgabe C: Häuser zeichnen

MATERIAL: Zeichenvorlage, Bleistift

INSTRUKTION:
- Vor euch liegt die Umrisszeichnung von Häusern, sie haben nur Wände und ein Dach.
- Ihr sollt jetzt die Zeichnung vervollständigen.
- Es kommt darauf an, dass ihr die Häuser mit vielen unterschiedlichen Einzelteilen gestaltet.
- Denkt also immer daran, was man an verschiedenen Häusern alles sehen und dementsprechend auch alles zeichnen kann.
- Ihr habt dazu 5 Minuten Zeit.

Beispiel:

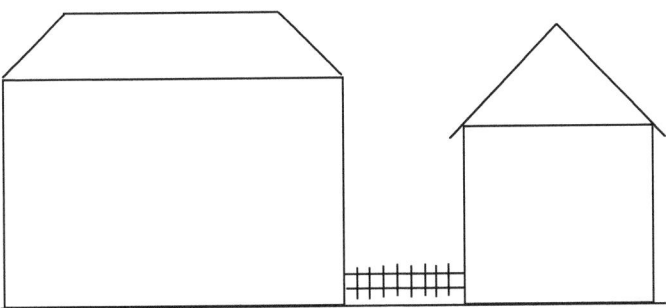

Punktebewertung 4. Tag

Aufgabe A

5 Zeilen ausgemalt, Rand eingehalten	4 Punkte
5 Zeilen ausgemalt, Rand nicht eingehalten	3 Punkte
3 – 4 Zeilen ausgemalt, Rand eingehalten	3 Punkte
3 – 4 Zeilen ausgemalt, Rand nicht eingehalten	2 Punkte
1 – 2 Zeilen ausgemalt, Rand eingehalten	2 Punkte
1 – 2 Zeilen ausgemalt, Rand nicht eingehalten	1 Punkt

Aufgabe B

6 – 8 Namen	3 Punkte
4 – 5 Namen	2 Punkte
2 – 3 Namen	1 Punkt

Aufgabe C

15 und mehr Einzelheiten ergänzt	3 Punkte
10 – 14 Einzelheiten ergänzt	2 Punkte
5 – 9 Einzelheiten ergänzt	1 Punkt

5. Tag

Aufgabe A: Bilden neuer Wörter durch Weglassen oder Hinzufügen einzelner Buchstaben

MATERIAL: Wortliste

INSTRUKTION:
- Wir wollen heute Wörtern durch das Verändern eines Buchstabens einen neuen Sinn geben.
- Zuerst sind die Wörter durch das Weglassen eines Buchstabens zu verändern (Trainer nennt ein Beispiel: Nelke – Elke).
- Ich nenne euch immer ein Wort und den Buchstaben, der wegzulassen ist.
- Ihr sucht (bildet) das neue Wort (Trainer nennt nacheinander folgende Wörter und die wegzulassenden Buchstaben).
- Wer das neue Wort kennt, meldet sich. Ich rufe euch dann auf.
- Überlegt eure Antwort genau, es ist nicht möglich, sich zu berichtigen.

RAST	– R	SCHALE	– E	STAND	– T
SCHRANKE	– E	TEILE	– T	REISEN	– R
PLANE	– E	WEICHE	– W	TEILEN	– T
KLASSE	– L	HUND	– H	BEIN	– B
BRAND	– R	BROT	– B	FLASCHE	– F
TORTE	– T	NEUN	– N	SCHWACH	– W
MAUS	– M	FEIN	– F	GALLE	– G
LASCHE	– L	MAHLEN	– H	DÜBEL	– D

- Jetzt verändern wir die Aufgabe: Wir lassen nicht mehr einen Buchstaben weg, sondern verändern das Wort, indem wir jeweils einen Buchstaben hinzufügen (Trainer gibt ein Beispiel vor: (Ast – Rast).

- Ich nenne euch das Wort und den Buchstaben, der hinzuzufügen ist.
- Ihr sucht (bildet) das neue Wort.
- Wer das neue Wort gefunden hat, meldet sich wieder.
- Wie vorher hat jeder nur eine Antwortmöglichkeit (Trainer nennt nacheinander folgende Wörter und hinzuzufügende Buchstaben).

BAU	– M	REIS	– E	EILEN	– F
LEID	– K	KUR	– T	LEDER	– I
ELKE	– N	TEE	– R	ARTEN	– K
BETT	– R	BAND	– R	KUR	– Z
DUCKEN	– R	SCHUSS	– L	SCHIFF	– L
ESSER	– M	ECKEN	– N	ACHT	– N

Der wegzulassende bzw. hinzuzufügende Buchstabe wird nur bei den ersten 4 Aufgaben benannt. Die Registrierung der Lösungshäufigkeit erfolgt an der Tafel unter dem Namen des jeweiligen Kindes.

Bemerkung: Bei Wörtern mit mehreren Neubildungsvarianten wird jede einzelne sinnvolle Neubildung als richtige Antwort bewertet.

Aufgabe B: Zusammensetzen von Figuren

Material: 3 Postkarten mit Tierfotos

Instruktion:
- Ich habe für jeden von euch 18 Bilderteile hingelegt.
- Diese Teile müsst ihr so zusammensetzen, dass bei jedem Kind 3 unterschiedliche Tierbilder entstehen.
- Dazu habt ihr 5 Minuten Zeit.

Muster:

Aufgabe C: Gesichter vervollständigen

MATERIAL: Arbeitsblatt, Bleistift

INSTRUKTION:
- Jeder von euch hat vor sich ein Blatt, auf dem Gesichter abgebildet sind.
- Schaut euch die Gesichter genau an. Sie unterscheiden sich durch Augen und Mund.
- Nur die ersten 3 Gesichter sind vollständig gezeichnet.
- Ihr sollt die fehlenden Teile ergänzen. Passt gut auf, dass ihr die richtigen Teile ergänzt.
- Die erste Reihe vervollständigen wir gemeinsam.
- Ihr habt 5 Minuten Zeit.

Beispiel:

Punktebewertung 5. Tag

Aufgabe A
Insgesamt 6 sinnvolle Neubildungen 4 Punkte
Insgesamt 4 – 5 sinnvolle Neubildungen 3 Punkte
Insgesamt 3 sinnvolle Neubildungen 2 Punkte
Insgesamt 1 – 2 sinnvolle Neubildungen 1 Punkt

Aufgabe B
3 Bilder vollständig gelegt 2 Punkte
2 Bilder vollständig gelegt 1 Punkt

Aufgabe C
0 bis 1 Fehler 4 Punkte
2 bis 3 Fehler 3 Punkte
4 bis 5 Fehler 2 Punkte
6 bis 7 Fehler 1 Punkt

6. Tag

Aufgabe A: Quadrate und Kreise unterschiedlich farbig gestalten

MATERIAL: Arbeitsblatt, Buntstifte

INSTRUKTION:
- Auf dem vor euch liegenden Blatt seht ihr Quadrate und Kreise.
- In den Quadraten erkennt ihr jeweils eine bestimmte Menge Punkte, in den Kreisen unterschiedlich angeordnete Striche.
- Ihr sollt die Quadrate und Kreise entsprechend den Musterbildern ausmalen:

- Quadrate mit 1 Punkt: blau, Kreise mit einem Längsstrich: rot
- Quadrate mit 2 Punkten: gelb, Kreise mit einem Querstrich: grün
- Quadrate mit 3 Punkten: grün, Kreise mit einem Kreuz: gelb
- Quadrate mit 4 Punkten: rot, Kreise mit einem Diagonalkreuz: blau.
• Es kommt darauf an, dass ihr beim Ausmalen die jeweils richtige Farbe beachtet und dass ihr exakt malt.
• Ihr habt 20 Minuten Zeit.

Beispiel:

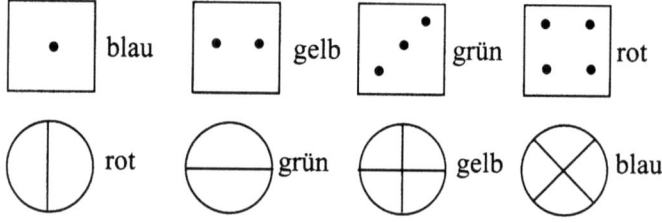

Aufgabe B: Fehlergeschichten

MATERIAL: Text der Fehlergeschichten zum Vorlesen

INSTRUKTION:
• Ich lese euch jetzt einige kurze Geschichten vor.
• In jeder dieser kurzen Geschichten ist ein Fehler enthalten.
• Ihr hört genau hin, denkt nach und sucht heraus, was in der jeweiligen Geschichte nicht stimmen kann (falsch ist).
• Wer den Fehler gefunden hat, meldet sich.
• Überlegt genau und antwortet nicht voreilig; es darf auf eine Aufgabe nur einmal geantwortet werden.
• Es antwortet nur das Kind, das von mir dazu aufgefordert wird.
• Jeder kommt zweimal dran.

Geschichten:

Eine Frau geht auf die Post und will ein Paket an ihren Mann aufgeben, der verreist ist. Der Postbeamte sagt zu ihr: »Die Adresse ist so schlecht geschrieben, dass ich sie nicht lesen kann.« Darauf antwortet die Frau: »Ach, mein Mann wird die Adresse schon lesen können.«

Ein Vater schreibt an seinen Sohn: »Komm sofort nach Hause. Und wenn du diesen Brief nicht erhältst, dann schicke mir eine Postkarte.«

Ronny und Steve gehen zur Post, um Briefmarken für einen Brief zu kaufen, den sie an ihren Lehrer schicken wollen. Plötzlich sagt Ronny: »Es ist das beste, wir stecken ihn gleich selbst in seinen Briefkasten, dann brauchen wir nur eine 40-Cent-Marke auf den Brief zu kleben.«

Bei einem Eisenbahnunglück wurde der letzte Wagen eines Zuges zertrümmert. Der Bahnhofsvorsteher ordnete daraufhin an, dass künftig alle Züge ohne den letzten Wagen abzufahren hätten.

Frank und Robert gehen Pilze suchen. Frank sagt: »Auf diesem Waldstück brauchst du nicht zu suchen, dort war ich schon vor einer Woche und habe alle Pilze aufgesammelt.«

Zwei Männer treffen sich nach einem Fußballspiel. Der eine fragt: »Na, wie hat unsere Mannschaft heute gespielt?« Der andere: »Jede Mannschaft schoss ein Tor, deshalb verlor unsere Mannschaft schon wieder.«

Im Sommer schimpft Susanne: »Der Sandmann kommt zu zeitig. Es ist noch gar nicht finster, da kann es doch auch noch nicht so spät sein.«

Karsten fotografiert seinen Freund Lutz. Er sagt: »Ich behalte dieses Bild, damit ich auch in 20 Jahren noch weiß, wie du aussiehst.«

Aufgabe C: Figur nachzeichnen

MATERIAL: Arbeitsblatt, Bleistift

INSTRUKTION:
- Ihr sollt jetzt eine bestimmte Figur nachzeichnen.
- Dazu werde ich euch die Figur eine kurze Zeit (30 Sekunden) zeigen.
- Ihr müsst sie euch in dieser kurzen Zeit genau ansehen und wichtige Kennzeichen gut merken, damit ihr sie dann »aus dem Kopf« möglichst genau nachzeichnen könnt.
- Also, passt gut auf!
- (Trainer zeigt die Figur 30 Sekunden, danach wird die Figur im Arbeitsheft abgedeckt.)
- Beginnt jetzt mit dem Nachzeichnen.
- Ihr habt 5 Minuten Zeit.

Punktebewertung 6. Tag

Aufgabe A

5 Zeilen ausgemalt, Qualität gut	5 Punkte
5 Zeilen ausgemalt, Qualität schlecht	4 Punkte
4 Zeilen ausgemalt, Qualität gut	4 Punkte
4 Zeilen ausgemalt, Qualität schlecht	3 Punkte
3 Zeilen ausgemalt, Qualität gut	3 Punkte
3 Zeilen ausgemalt, Qualität schlecht	2 Punkte
2 Zeilen ausgemalt, Qualität gut	2 Punkte
2 Zeilen ausgemalt, Qualität schlecht	1 Punkt
1 Zeile ausgemalt, Qualität gut	1 Punkt

Bei Farbverwechslungen jeweils einen Punkt Abzug.

Aufgabe B

2 Aufgaben gelöst	2 Punkte
1 Aufgabe gelöst	1 Punkt

Aufgabe C

Figur richtig gezeichnet	3 Punkte
1 Fehler	2 Punkte
2 Fehler	1 Punkt

---

7. Tag

Aufgabe A: Kofferpacken

INSTRUKTION:
- Wir spielen heute noch einmal »Kofferpacken«.
- Diesmal dürfen aber nur »Lebensmittel« mitgenommen werden.

- Jedes Kind packt einen Gegenstand in den Koffer, es muss aber immer alle Gegenstände mitnehmen, die vorher schon »eingepackt« wurden, die Reihenfolge ist gleichgültig.
- Einmal durchüben.
- Nun beginnen wir unser Spiel.
- Wer einen Gegenstand vergisst, muss ausscheiden.
- Wir spielen das Spiel 10 Minuten, mal sehen, ob alle bis zum Schluss mitmachen können.

Bemerkung: 10 Minuten gelten als Richtzeit. Bewertet wird die maximale Anzahl der genannten Lebensmittel, auch wenn keine Vollständigkeit vorliegt.

Aufgabe B: Bildvergleiche

MATERIAL: Bildblätter (SACHSENWEGER, R., SACHSENWEGER, U.: Sehübungen, Leipzig, 1981, S. 59), Papier und Bleistift

Beispiel:

INSTRUKTION:
- Jeder von euch erhält ein Bild mit 6 Tierkreisen, die Bilder sind nummeriert.
- Welche Tiere sind es? (Gemeinsam benennen)

- Ihr sollt jetzt drei Aufgaben lösen:
  - In welchem Kreis sind weniger Tiere als im ersten Kreis?
  - In welchem Kreis findet man zweimal das gleiche Tier?
  - In welchen beiden Kreisen sind die Tiere in der gleichen Reihenfolge angeordnet?
- Zur Lösung der Aufgaben 1 bis 3 braucht ihr jeweils nur die Nummern der Tierkreise auf Euer Arbeitsblatt einzutragen.
- Ihr habt dazu 10 Minuten Zeit.

Aufgabe C: Einprägen von Wörtern

MATERIAL: Wortgruppe, Papier und Bleistift

INSTRUKTION:
- Wir wollen uns jetzt Wörter einprägen.
- Ich nenne euch 10 Wörter.
- Wir gehen dabei folgendermaßen vor:
  - Ich nenne die Wörter.
  - Wir wiederholen die Wörter gemeinsam (mündlich).
  - Dann nenne ich die Wörter noch einmal allein.
  - Ihr wiederholt die Wörter dann gemeinsam (mündlich).
  - Nachdem ich dann die Wörter das dritte Mal vorgetragen habe, schreibt jeder von euch alle Wörter, die er sich gemerkt hat, auf einen Zettel.
- Trainer nennt folgende Wörter:
  1) Brot   6) Baum
  2) Schule   7) Apfcl
  3) Ball   8) Sonne
  4) Hose   9) Pferd
  5) Eis   10) Buch

Punktebewertung 7. Tag

Aufgabe A
14 Dinge gemerkt	3 Punkte
10 – 13 Dinge gemerkt	2 Punkte
6 – 9 Dinge gemerkt	1 Punkt

Aufgabe B
3 richtige Antworten	3 Punkte
2 richtige Antworten	2 Punkte
1 richtige Antwort	1 Punkt

Aufgabe C
9 – 10 Dinge wiederholt	4 Punkte
7 – 8 Dinge wiederholt	3 Punkte
5 – 6 Dinge wiederholt	2 Punkte
3 – 4 Dinge wiederholt	1 Punkt

---

8. Tag

Aufgabe A: Figuren ausmalen

MATERIAL: Arbeitsblatt, Buntstifte (rot, schwarz, gelb, grün, blau)

INSTRUKTION:
- Heute sind wieder Figuren auszumalen.
- Ihr müsst den vorgegebenen Formen entsprechende Farben auswählen.
- Trainer weist auf entsprechende Schwierigkeiten bei den einzelnen Kästchen hin:

- Kreis im Kästchen: rot
- Dreieck im Kästchen: schwarz
- Kreis mit Punkt im Kästchen: gelb
- Viereck mit Punkt im Kästchen: grün
- Viereck ohne Punkt im Kästchen: blau
• Malt die Kästchen zeilenweise nacheinander aus (evtl. Hinweis auf vorhergegangene Fehler und Oberflächlichkeiten).
• Ihr habt insgesamt 15 Minuten Zeit.

Beispiel:

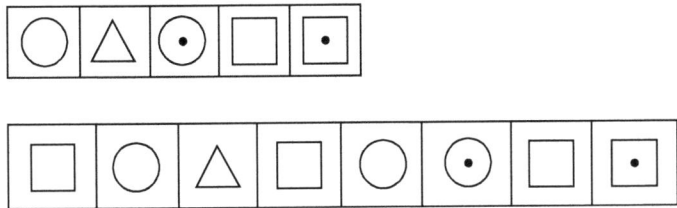

Aufgabe B: Figuren merken

MATERIAL: 4 Karten (10 x 10 cm) mit unterschiedlichen geometrischen Figuren (Kreis, Dreieck, Quadrat, Parallelogramm), Papier und Bleistift

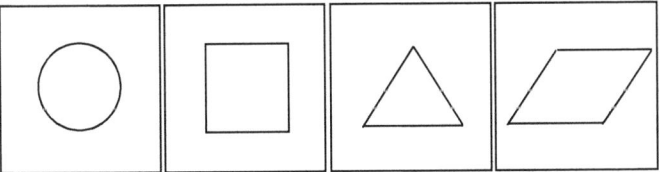

INSTRUKTION:
• Ich werde euch jetzt Karten zeigen, auf denen unterschiedliche Figuren dargestellt sind (Trainer zeigt die Karten, benennt die geometrischen Figuren, lässt sie von den Kindern benennen).

- Ich zeige nacheinander mehrmals diese Karten; ihr sollt euch merken, wie oft ich welche Karte gezeigt habe.
- Das Ergebnis schreibt ihr auf das beiliegende Arbeitsblatt.
- Die Aufgabe erfolgt in 3 Durchgängen. Wir wollen erst einmal alles probieren (Trainer wählt ein Beispiel mit maximaler Gesamtdarbietungszahl von 8 Bildern).
- Gesamtanzahl der gezeigten Karten pro Durchgang n ≤13

Probedurch-gang	○	□	△	⟋⟍
1. Durchgang				
2. Durchgang				
3. Durchgang				

Hinweis: Für die Durchführung dieser Aufgabe ist ein Materialsatz (4 Karten im Format 10 x 10 cm) mit entsprechenden Symbolen herzustellen (Kreis: Durchmesser 5 cm, Quadrat, Dreieck, Parallelogramm: Seitenlänge 5 cm).

Aufgabe C: Kopfrechnen

INSTRUKTION:
- Ich stelle jetzt Kopfrechenaufgaben.
- Jedes Kind kommt insgesamt mit 5 Aufgaben dran.
- Ich stelle jede Aufgabe nur einmal und wiederhole sie nicht.
- Überlegt euch die Lösung genau, es ist nicht möglich, sich zu berichtigen; das zuerst genannte Ergebnis wird bewertet.
- Ist eine falsche Lösung genannt worden, kann diese von einem anderen Kind verbessert werden; dieses Kind erhält dafür keine Aufgabe in der folgenden Runde bzw. es kann

dadurch eine vorher selbst falsch gegebene Antwort ausgleichen.

Trainer stellt reihum einfache mehrgliedrige Additions- und Subtraktionsaufgaben im Zahlenraum bis 20.

Punktebewertung 8. Tag

Aufgabe A

10 Zeilen gemalt, Rand eingehalten	4 Punkte
10 Zeilen gemalt, Rand nicht eingehalten	3 Punkte
8 – 9 Zeilen gemalt, Rand eingehalten	3 Punkte
8 – 9 Zeilen gemalt, Rand nicht eingehalten	2 Punkte
6 – 7 Zeilen gemalt, Rand eingehalten	2 Punkte
6 – 7 Zeilen gemalt, Rand nicht eingehalten	1 Punkt
4 – 5 Zeilen gemalt, Rand eingehalten	1 Punkt

Bei Farbverwechslungen jeweils einen Punkt Abzug.

Aufgabe B

3 richtige Ergebnisse	3 Punkte
2 richtige Ergebnisse	2 Punkte
1 richtiges Ergebnis	1 Punkt

Aufgabe C

4 und 5 Aufgaben richtig	3 Punkte
3 Aufgaben richtig	2 Punkte
2 Aufgaben richtig	1 Punkt

9. Tag

Aufgabe A: Wörter ordnen

MATERIAL: Arbeitsblatt mit Wortliste, Bleistift

INSTRUKTION:
- Jedes Kind hat eine Liste mit 30 Wörtern vor sich.
- Seht sie euch einmal an (Trainer verweist auf linke Spalte), die Buchstaben sind durcheinander geraten, man kann kaum den Sinn der Wörter erfassen.
- Ihr sollt die Buchstaben – ohne einen hinzuzufügen oder wegzulassen – so ordnen, dass die Wörter einen Sinn ergeben.
- Zu eurer Hilfe sind in der rechten Spalte schon einige Buchstaben geordnet aufgeführt.
- Es könnte euch helfen, wenn ihr die Buchstaben, die in der rechten Spalte schon in geordneter Reihenfolge aufgeschrieben sind, in der linken Spalte streichen würdet. (Trainer gibt ein Beispiel für das empfohlene Verfahren.)
- Ihr habt 15 Minuten Zeit.

Arbeitsblatt: Wörter ordnen

			Lösung
1.	UATO	– AUT	– *AUTO*
2.	EUGA	– AUG	– *AUGE*
3.	NIEB	– BEI	– *BEIN*
4.	DURN	– RUN	– *RUND*
5.	VELGO	– VOG	– *VOGEL*
6.	IRNBE	– BIR	– *BIRNE*
7.	ASSERW	– WAS	– *WASSER*
8.	NELLSCH	– SCH	– *SCHNELL*
9.	SCHINAME	– MAS	– *MASCHINE*
10.	BEEREDER	– ERD	– *ERDBEERE*

11. ROBT	– B	– *BROT*
12. ELIE	– EI	– *EILE*
13. UBEST	– ST	– *STUBE*
14. AUFKEN	– KA	– *KAUFEN*
15. ELENAFT	– EL	– *ELEFANT*
16. OHCH	– H	– *HOCH*
17. IEFTE	– T	– *TIEFE*
18. AUFLEN	– L	– *LAUFEN*
19. SCHIF	– F	– *FISCH*
20. OLOMOKVITE	– L	– *LOKOMOTIVE*
21. KITAMEHTAM	– MA	– *MATHEMATIK*
22. SIELEGOV	– EI	– *EISVOGEL*
23. ENUDD	– D	– *DUDEN*
24. DERNELKA	– K	– *KALENDER*
25. SIEBÄR	– E	– *EISBÄR*
26. FEERI	– F	– *FEIER*
27. ULSCHE	– S	– *SCHULE*
28. ASTSE	– T	– *TASSE*
29. ALTBT	– B	– *BLATT*
30. NEBEE	– E	– *EBENE*

Aufgabe B: Mit verbundenen Augen Perlen auffädeln

MATERIAL: Fädelschnur, Perlen (z. B. diehl-Katalog, Art.-Nr. 64416), n = 50, Tücher zum Verbinden der Augen

INSTRUKTION:
- Ihr sollt jetzt Perlen auffädeln (Trainer demonstriert).
- Diese Aufgabe ist aber für euch viel zu leicht, deshalb werde ich euch die Augen verbinden, und ihr sollt dann, ohne etwas zu sehen, die Perlen auffädeln.
- Ihr habt dazu 10 Minuten Zeit.
- Fädelt so viele Perlen auf, wie ihr schafft.

Aufgabe C: Abzählen von Buchstaben verschiedener Wörter

MATERIAL: Papier, Bleistift

INSTRUKTION:
- Für die jetzt zu lösende Aufgabe nenne ich euch 10 Wörter.
- Ihr sollt versuchen, im Kopf herauszufinden, aus wie viel Buchstaben das jeweilige Wort besteht.
- Notiert auf einem Zettel die laufende Nummer für das genannte Wort (ich gebe diese vorher immer an) und schreibt dahinter die Anzahl der Buchstaben, die ihr für das Wort ermittelt habt, als Ziffer auf.

Beispiel:
Wagen _5_ (Buchstaben)
1. Ei   1. ___   6. Gummi   6. ___
2. Brot   2. ___   7. Kind   7. ___
3. Wunde   3. ___   8. Heimat   8. ___
4. Not   4. ___   9. Mädchen   9. ___
5. Wolle   5. ___   10. Bleistift 10. ___

Punktebewertung 9. Tag

Aufgabe A

25 und mehr Wörter sinnvoll geordnet	4 Punkte
20 – 24 Wörter sinnvoll geordnet	3 Punkte
15 – 19 Wörter sinnvoll geordnet	2 Punkte
10 – 14 Wörter sinnvoll geordnet	1 Punkt

Aufgabe B

25 Kugeln gefädelt	3 Punkte
20 – 24 Kugeln gefädelt	2 Punkte
15 – 19 Kugeln gefädelt	1 Punkt

Aufgabe C
9 – 10 richtige Ergebnisse   3 Punkte
6 – 8 richtige Ergebnisse   2 Punkte
3 – 5 richtige Ergebnisse   1 Punkt

---

10. Tag

Aufgabe A: Inhaltliche Zuordnung von Wörtern

MATERIAL: Wortliste zum Vorlesen

INSTRUKTION:
- Wir wollen heute Wortpaare (immer 2 Wörter) ordnen, die inhaltlich zusammenpassen (Trainer nennt 1 bis 2 Beispiele).
- Bei dieser Aufgabe gehen wir so vor:
  – Zuerst nenne ich das Wort, zu dem ein zweites passendes Wort gesucht werden soll (Trainer nennt ein Beispiel).
  – Danach lese ich euch eine Reihe von Wörtern vor, von denen eins zu dem ersten Wort passt (Trainer führt das begonnene Beispiel fort).
  – Eure Aufgabe ist es, zum ersten Wort das passende herauszusuchen (Trainer schließt Beispiel ab).
  – Jetzt nenne ich euch jeweils euren Begriff und danach immer die gleichen Wörter, aus denen ihr das passende Wort herausfinden sollt (Trainer liest danach jeweils Beispiel und gesamte Wortliste).
- Wer die Lösung gefunden hat, meldet sich; ich fordere dann ein Kind zur Antwort auf.
- Überlegt genau, jeder darf pro Aufgabe nur einmal antworten.

Beispiel:
1. Auto   a. grün
2. Kleid   b. Himmel
3. Stern   c. fahren
4. Gras   d. Mädchen

Wortliste:

1. Hammer	a kleben	11. Künstler	k anrufen
2. Fahrkarte	b Speichen	12. Teller	l Schaffner
3. Medizin	c Bäcker	13. Schuh	m braten
4. Hund	d kämmen	14. Schnitzel	n Nest
5. Brot	e krank	15. Vogel	o Beifall
6. Haar	f Suppe	16. Telefon	p Latte
7. Hand	g Finger	17. Licht	q regnen
8. Wolke	h Nagel	18. Leim	r Sohle
9. Rad	i bellen	19. Papierkorb	s Lampe
10. Wasser	j nass	20. Zaun	t Abfall

Aufgabe B: Quadrate zuordnen

MATERIAL: Arbeitsblätter und Bleistift

INSTRUKTION:

- Jedes Kind erhält ein Arbeitsblatt mit vielen Quadraten. Diese Quadrate sind verschiedenartig aufgeteilt, in schwarze und weiße Felder.
- Von den meisten Quadraten sind jeweils 2 mit gleicher Aufteilung vorhanden.
- Sucht die Paare heraus und schreibt die entsprechenden Nummern, die jeweils unter den Quadraten stehen, auf euer Blatt (Beispiel zum Notieren an der Tafel demonstrieren, z. B.1–13).
- Welche Quadrate sind nur einmal zu finden (z. B. 17).
- Welches Quadrat ist dreimal vorhanden (z. B. 5–16–25).
- (Fragen liegen auf dem Arbeitsblatt nochmals getrennt vor.)

- Notiert diese Ergebnisse auf eurem Arbeitsblatt.
- Insgesamt habt ihr 15 Minuten Zeit.

Beispiel:

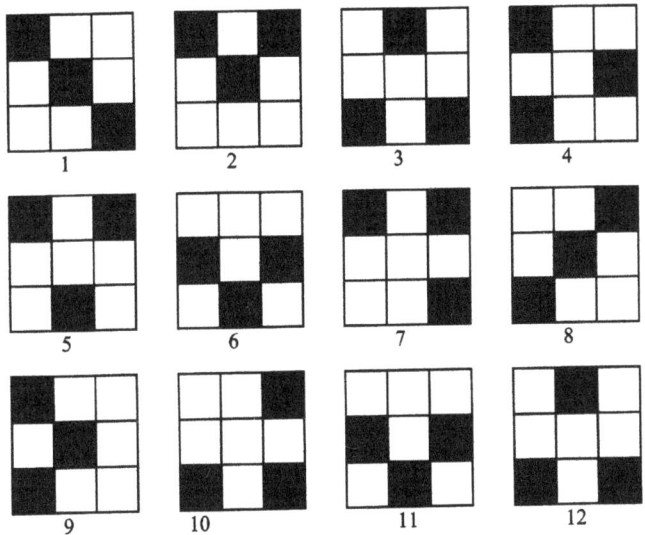

Aufgabe C: Große und kleine Gegenstände im Wechsel nennen

INSTRUKTION:
- Jetzt sind Gegenstände zu suchen und zu benennen, die
- größer als ein Tisch und
- kleiner als eine Streichholzschachtel sind (Trainer nennt je ein Beispiel).
- Jedes Kind kommt fünfmal dran, wir gehen reihum vor.
- Das Kind, das dran ist, nennt der Aufgabe entsprechend immer einen Gegenstand, der größer ist als ein Tisch und kleiner als eine Streichholzschachtel.
- Zweimal genannte Gegenstände werden nicht gewertet.
- Nun können wir beginnen.

Punktebewertung 10. Tag

Aufgabe A
18 – 20 Wortverbindungen gefunden	4 Punkte
13 – 17 Wortverbindungen gefunden	3 Punkte
8 – 12 Wortverbindungen gefunden	2 Punkte
4 – 7 Wortverbindungen gefunden	1 Punkt

Aufgabe B
14 – 15 richtige Aufgabenlösungen	4 Punkte
11 – 13 richtige Aufgabenlösungen	3 Punkte
8 – 10 richtige Aufgabenlösungen	2 Punkte
4 – 7 richtige Aufgabenlösungen	1 Punkt

Aufgabe C
10 entsprechende Gegenstände genannt	2 Punkte
7 – 9 entsprechende Gegenstände genannt	1 Punkt

---

11. Tag

Aufgabe A: Figurenvergleich

MATERIAL: Arbeitsblatt, Bleistift

INSTRUKTION:
- Jeder von euch hat ein Arbeitsblatt mit unterschiedlich gekennzeichneten Figuren vor sich liegen.
- Die 4 Figuren der obersten (ersten) Zeile müßt ihr euch genau ansehen und fest einprägen; das sind die Muster für die Aufgabe, die ihr lösen sollt:
  – Aus der Gesamtübersicht der unterschiedlich gekennzeichneten Figuren sollt ihr alle diejenigen heraussuchen, die genauso aussehen wie die Muster.

– Die entsprechenden Figuren streicht ihr auf eurem Arbeitsblatt durch.
• Ihr habt für die Erfüllung der Aufgabe 5 Minuten Zeit.

Beispiel

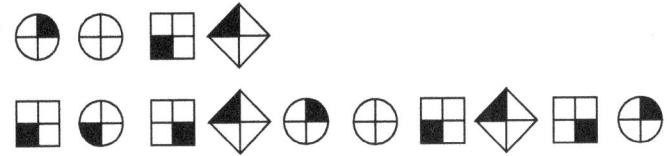

Aufgabe B: Memory

MATERIAL: Memory (z. B. Dusyma-Katalog, Art.-Nr. 518 144)

INSTRUKTION:
• Für die zweite Aufgabe habe ich euch ein Memory mitgebracht.
• Wir legen alle Bilder auf den Tisch und zwar mit der Bildseite nach unten.
• Jeder Spieler deckt der Reihe nach zwei Karten auf und schaut sie an.
• Gelingt es, zwei gleiche Bilder zu finden, legt er sie vor sich auf den Tisch (Trainer demonstriert an einem Beispiel) und darf sie behalten.
• Passen die Bilder nicht zusammen (Beispiel durch Trainer), müssen die beiden Kärtchen verdeckt ins Spiel zurückgelegt werden, und zwar an die gleiche Stelle, von der sie vorher weggenommen worden sind.
• Es ist wichtig, sich die bereits aufgedeckten Karten zu merken, damit man möglichst sicher solche Karten aufdecken kann, die wirklich zueinander passen.
• Das Spiel ist beendet, wenn alle Karten aufgedeckt sind.

Bemerkung: Stets ein Spiel zu Ende spielen, evtl. mit verringerter Kartenzahl, bei 3 Kindern spielt der Trainer mit, bei 4 Kindern sieht der Trainer zu.

Aufgabe C: Zählen der Taktschläge eines Metronoms

MATERIAL: Metronom, Bleistift, Papier

INSTRUKTION:

- Für die jetzt folgenden Aufgaben habe ich ein Metronom mitgebracht.
- Das Metronom hat ein Pendel (Trainer zeigt dieses), jeder Anschlag des Pendels ist von einem Ticken begleitet (Trainer demonstriert).
- Solch ein Metronom verwendet man z. B. beim Klavierspielen, um dem Spieler zu helfen, ein gleichmäßiges Tempo einzuhalten.
- Wir wollen heute die Anzahl der Anschläge des Metronoms zählen.
- Jedes Ticken bedeutet einen Anschlag.
- Wir gehen wie folgt vor:
  – Ich gebe das Startzeichen und stelle das Metronom ein.
  – Ihr zählt leise die Anschläge, bis ich das Pendel anhalte.
  – Die Anzahl der Anschläge, die ihr ausgezählt habt, notiert ihr auf dem Blatt Papier; das Ergebnis des ersten Durchganges schreibt ihr ganz oben hin, die weiteren Ergebnisse immer darunter (Trainer demonstriert ein Übungsbeispiel).
- Wir führen diese Aufgabe insgesamt dreimal durch. Das Pendel schlägt bei jedem Durchgang etwas schneller.
- Beginnen wir mit dem ersten Durchgang.

Bemerkung: Pro Durchgang 40 Pendelschläge (Anschläge) vorgeben.

Punktebewertung 11. Tag

Aufgabe A
0 – 1 Fehler   3 Punkte
2 – 4 Fehler   2 Punkte
5 – 8 Fehler   1 Punkt

Aufgabe B
5 und mehr richtige Bilderpaare   4 Punkte
4 richtige Bilderpaare   3 Punkte
3 richtige Bilderpaare   2 Punkte
2 richtige Bilderpaare   1 Punkt

Aufgabe C
3 richtige Angaben   3 Punkte
2 richtige Angaben   2 Punkte
1 richtige Angabe   1 Punkt

---

12. Tag

Aufgabe A: Unterschiede finden

MATERIAL: Arbeitsblätter (SACHSENWEGER, R.; SACHSENWEGER, U.: Sehübungen, Leipzig, 1981, S. 8/9), Filzstifte

INSTRUKTION:
- Vor jedem von euch liegen zwei Bilder, auf denen dargestellt ist, wie Rotkäppchen im Wald dem Wolf begegnet. Seht sie euch an.
- Das zweite Bild ist dem ersten sehr ähnlich, aber nicht ganz gleich – es sind 9 Dinge weniger als auf dem ersten Bild dargestellt.

- Ihr sollt die im ersten Bild zusätzlich vorhandenen Dinge herausfinden und um diese mit dem Filzstift einen Kreis ziehen.
- Ihr habt dazu 10 Minuten Zeit.

Aufgabe B: Mit verbundenen Augen Zylinderkörper auffädeln

MATERIAL: Fädelschnur, Zylinderkörper (z. B. diehl–Katalog, Art.-Nr. 63356), n=150

INSTRUKTION:
- Heute sollt ihr wieder mit verbundenen Augen fädeln.
- Wir benutzen jedoch diesmal kleine Zylinderkörper (vorzeigen).
- Fädelt sie mit verbundenen Augen auf die vor euch liegende Schnur auf.
- Ihr habt 20 Minuten Zeit, um alle Zylinderkörper aufzufädeln.

Aufgabe C: Kopfrechnen

MATERIAL: Aufgaben, differenziert für jede Klassenstufe

INSTRUKTION:
- Ich stelle jetzt jedem Kopfrechenaufgaben.
- Jeder kommt insgesamt mit 5 Aufgaben dran.
- Ich stelle jede Aufgabe nur einmal und wiederhole sie nicht.
- Überlegt die Lösung genau, ehe ihr antwortet. Es ist ebenfalls nicht möglich, sich zu berichtigen.
- Ist eine falsche Antwort gegeben worden, kann diese von einem anderen Kind verbessert werden; dieses Kind erhält keine Aufgabe in der folgenden Runde bzw. kann dadurch eine vorher selbst falsch gegebene Antwort ausgleichen.
- Hört genau hin!

Trainer stellt einfache, mehrgliedrige Aufgaben im Zahlenraum bis 50 reihum.

Punktebewertung 12. Tag

Aufgabe A

9 Unterschiede gefunden	4 Punkte
7 – 8 Unterschiede gefunden	3 Punkte
5 – 6 Unterschiede gefunden	2 Punkte
3 – 4 Unterschiede gefunden	1 Punkt

Aufgabe B

150 Zylinderkörper gefädelt	3 Punkte
130 –149 Zylinderkörper gefädelt	2 Punkte
100 –129 Zylinderkörper gefädelt	1 Punkt

Aufgabe C

5 richtig gelöste Aufgaben	3 Punkte
3 und 4 richtig gelöste Aufgaben	2 Punkte
1 und 2 richtig gelöste Aufgaben	1 Punkt

13. Tag

Aufgabe A: Namen merken

MATERIAL: Bericht über ein Handballspiel zum Vortragen, Papier und Bleistift

INSTRUKTION:
- Ich trage euch jetzt einen Bericht (eine Schilderung) über ein Handballspiel vor.
- Ihr sollt genau zuhören und euch die Namen der Mädchen merken, die in diesem Spiel mitgespielt haben.
- Nach meinem Bericht schreibt ihr alle Namen, die ihr euch gemerkt habt, auf den Zettel, den ich euch gegeben habe.
- Dann lese ich den Text ein zweites Mal vor: ihr könnt anschließend fehlende Namen noch ergänzen.
- Jetzt beginnen wir.

Trainer liest den Text laut vor:
»Petra ist im Ballbesitz, weiß aber im Moment nicht, wem sie den Ball zuspielen soll. Da läuft sich Kerstin frei, wird angespielt und leitet den Ball gleich an Monika weiter, die kräftig auf das Tor wirft. Der Ball prallt jedoch von den ausgestreckten Händen Dagmars ab und springt ins Seitenaus.

Jutta wirft ein, und der Ball kommt zu Karla und dann erneut zu Jutta, die die ungedeckt am Kreis stehende Inge anspielt. Deren Torwurf geht jedoch am Tor vorbei, ohne dass Gabi einzugreifen braucht.

Diese holt sich den Ball und wirft ihn Bärbel zu, die Elke anspielt. Elke zögert, wirft dann den Ball Rosi zu, die auf das Tor werfen will, aber sie wird von einer Gegenspielerin am Arm festgehalten. Freiwurf! Drei Mädchen der Mannschaft A bilden eine Mauer, aber Christine, die den Freiwurf ausführt, wirft nicht direkt auf das Tor, sondern sie spielt den Ball der anlaufenden Rosi zu, die versucht, den Ball per Sprungwurf im Tor von Simone unterzubringen.

Aber Simone kann den platziert geworfenen Ball noch mit der Hand erreichen, von wo er zurück ins Spielfeld springt, genau in die Arme von Karla, die aber so überrascht ist, dass sie den Ball fallen lässt. Blitzschnell bückt sich Monika, nimmt den Ball auf und spielt Petra an. Petra spielt zurück zu Monika, die den Ball Kerstin zuwirft, Kerstin sieht eine Lücke in der gegnerischen Verteidigung und will einen Sprungwurf in den Kreis versuchen, aber im letzten Moment wird sie festgehalten.
Strafwurf!«

Aufgabe B: Vergleich von zwei Bildern

MATERIAL: Arbeitsblätter (SACHSENWEGER, R., SACHSENWEGER, U.: Sehübungen, Leipzig, 1981, S. 19/20), Filzstifte

INSTRUKTION:
- Vor euch liegen zwei Bilder.
- Beim ersten Hinsehen scheinen sie gleich auszusehen.
- Beim genauen Betrachten wird deutlich, dass die Darstel-

lungen auf den beiden Bildern einige Unterschiede aufweisen.
- Eure Aufgabe besteht darin, die Stellen mit dem Filzstift zu kennzeichnen, auf denen ein Gegenstand mehr zu finden ist als auf dem anderen Bild.
- Insgesamt sind 10 Dinge mehr dargestellt, versucht sie zu finden.
- Ihr habt dazu 10 Minuten Zeit.

Aufgabe C: Fehlersuche

MATERIAL: Arbeitsblatt, Bleistift,

INSTRUKTION:
- Eure nächste Aufgabe besteht aus zwei Teilen.
- Ihr sollt zunächst die richtige Zuordnung von Zahlen und Buchstaben auf dem vor euch liegenden Arbeitsblatt überprüfen.
- Die erste Zeile bildet das Muster für die richtige Zuordnung.

Vergleich von Buchstaben und Zahlen:

1	2	3	4	5	6	7	8	9
b	k	f	n	r	m	p	q	s

- Zu jeder **1** gehört das **b**
- Zu jeder **2** gehört das **k**
- Zu jeder **3** gehört das **f** usw.
- Ihr sollt in den weiteren Zeilen des Arbeitsblattes überprüfen, ob alle dort aufgeführten Zuordnungen dem vorgegebenen Muster (oberste Zeile) entsprechen.
- Wenn ihr Fehler in einer Zuordnung erkennt, streicht ihr den falsch zugeordneten Buchstaben mit dem Bleistift deutlich durch.

- Wenn ihr damit fertig seid, überprüft ihr die Zuordnung von Buchstaben und Zahlen. Geht dabei wie oben vor.

Vergleich Buchstaben und Zahlen:

a	b	c	d	e	f	g	h	i
1	2	3	4	5	6	7	8	9

- Ihr erhaltet für die Lösung dieser Aufgabe 10 Minuten Zeit.

Punktebewertung 13. Tag

Aufgabe A

10 – 13 Namen genannt	3 Punkte
6 – 9 Namen genannt	2 Punkte
2 – 5 Namen genannt	1 Punkt

Aufgabe B

9 – 10 Unterschiede gefunden	3 Punkte
6 – 8 Unterschiede gefunden	2 Punkte
3 – 5 Unterschiede gefunden	1 Punkt

Aufgabe C

14 – 15 Fehler gefunden	4 Punkte
10 – 13 Fehler gefunden	3 Punkte
6 – 9 Fehler gefunden	2 Punkte
2 – 5 Fehler gefunden	1 Punkt

14. Tag

Aufgabe A: Rechnen mit Symbolen

MATERIAL: Arbeitsblatt, Bleistift

INSTRUKTION :
- Ihr sollt jetzt Aufgaben rechnen, bei denen statt Zahlen Symbole vorgegeben sind. Jedes Symbol steht für eine bestimmte Zahl.
- Welches Symbol für welche Zahl steht, findet ihr in der obersten Zeile eures Arbeitsblattes vorgegeben (Trainer zeigt und erklärt am Beispiel der Musterreihe).

■ = 6   ▲ = 5   ▼ = 4   ● = 3   ◆ = 2   ▮ = 1

■ + ▲ =

■ + ◆ =

■ + ● − ◆ =

- Ihr müsst euch die Symbole und die Zahlenwerte, die durch die Symbole ausgedrückt werden, gut merken, da ich nach der 10. Aufgabe die Symbole und die zugehörigen Zahlenwerte abdecke und ihr nach dem Gedächtnis arbeiten müsst.
- Seht deshalb noch einmal genau her und prägt euch alle Symbole gut ein. Achtet besonders auf den Zahlenwert der Dreiecke.
  - ▲ = Dreieck mit Spitze nach oben = 5
  - ▼ = Dreieck mit Spitze nach unten = 4
- Trainer unterstützt das Einprägen durch wiederholtes Erklären.
- Das Ergebnis tragt ihr mit Zahlen hinter der jeweiligen Symbolaufgabe ein.
- Ihr sollt die Aufgabe in 25 Minuten lösen.

Aufgabe B: Vergleich von zwei Bildern

MATERIAL: 2 Bildblätter (SACHSENWEGER, R., SACHSENWEGER, U.: Sehübungen, Leipzig, 1981, S. 34/35), Filzstifte

INSTRUKTION:
- Ihr sollt jetzt wiederum 2 Bilder miteinander vergleichen.
- Beide Bilder sehen beim ersten Hinsehen gleich aus, dennoch sind auf dem ersten Bild 10 Dinge mehr gezeichnet.
- Sucht diese Unterschiede heraus, und kennzeichnet sie durch einen Kreis auf dem zweiten Bild, also dort, wo das entsprechende Detail fehlt.
- Ihr habt dazu 10 Minuten Zeit.

Punktebewertung 14. Tag

Aufgabe A

0 Fehler	7 Punkte
1 – 2 Fehler	6 Punkte
3 – 4 Fehler	5 Punkte
5 – 6 Fehler	4 Punkte

7 – 8 Fehler	3 Punkte
9 – 10 Fehler	2 Punkte
11 – 12 Fehler	1 Punkt

Bemerkung: Jede Hilfe – Erklärung des Symbols – zählt als halber Fehler.

Aufgabe B

10 Unterschiede erkannt	3 Punkte
7 – 9 Unterschiede erkannt	2 Punkte
4 – 6 Unterschiede erkannt	1 Punkt

15. Tag

Aufgabe A: Rechnen ohne Symbole

MATERIAL: Arbeitsblatt, Bleistift

INSTRUKTION:
- Wir wollen heute mit Zahlen rechnen.
- Diesmal steht aber zwischen den Zahlen kein + oder – Zeichen.
- Die Zahlen selbst sagen euch, ob ihr zusammenzählen oder abziehen müsst.
- Zahlen, die so geschrieben sind, zählt ihr zusammen:

- Zahlen, die so geschrieben sind, zieht ihr ab:

①②③④⑤⑥⑦⑧⑨⑩

- Ihr habt dazu 10 Minuten Zeit.

Aufgabe B: Natur–Merkspiel

MATERIAL: Merkspiel, (z. B. »Mein erstes Naturspiel«, Dusyma–Katalog, Art.–Nr. 518141)

INSTRUKTION:
- Für die zweite Aufgabe habe ich Karten mit Tierbildern mitgebracht.
- Es handelt sich diesmal um Bilder, die die Entwicklung der Tiere zeigen (Trainer demonstriert).
- Jeder von euch zieht eine Karte, die festlegt, welches Tier er in seiner Entwicklung verfolgen soll.
- Derjenige, den ich auffordere, sucht jeweils die Entwicklungsreihe »seines« Tieres zusammen und legt sie vor sich auf den Tisch.
- Dann berichtet er anhand der Karten, wie sein Tier heranwächst.
- Die anderen verhalten sich mucksmäuschenstill und warten, bis sie an der Reihe sind.
- Zwei Reihen sind noch übrig. Diese Karten liegen verdeckt auf dem Tisch.
- Wir wollen sie jetzt gemeinsam legen.
- Jeder kommt der Reihe nach dran und darf eine Karte ziehen.
- Überlegt genau, ob die Karte, die ihr gezogen habt, vor oder hinter oder gar zwischen den schon liegenden Karten einzuordnen ist.

Punktebewertung 15. Tag

Aufgabe A

0 Fehler	5 Punkte
1 – 2 Fehler	4 Punkte
3 – 4 Fehler	3 Punkte
5 – 6 Fehler	2 Punkte
7 – 8 Fehler	1 Punkt

Aufgabe B

5 richtig geordnete Bilder plus 3 Bilder der Zusatzreihen	5 Punkte
4 richtig geordnete Bilder plus 2 Bilder der Zusatzreihen	4 Punkte
3 richtig geordnete Bilder plus 1 Bild der Zusatzreihen	3 Punkte
2 richtig geordnete Bilder	2 Punkte
1 richtiges Bild	1 Punkt

Für falsch erzählte Geschichte entsprechend Punktabzug

16. Tag

Aufgabe A: Vervollständigen von vorgegebenen Formen

MATERIAL: Arbeitsblatt mit zum Teil unvollständigen Figurenskizzen, Bleistift

INSTRUKTION:
- Auf dem vor euch liegenden Arbeitsblatt findet ihr auf der ersten Zeile 5 verschiedene Figuren. Darunter sind weitere Figuren dargestellt, die teilweise noch unvollständig sind.
- Die Figuren der obersten Zeile stellen das Muster für alle weiteren Formen dar.
- Eure Aufgabe ist es, die Formen auf eurem Arbeitsblatt einzeln mit den vorgegebenen Mustern zu vergleichen und die unvollständig dargestellten Formen danach zu ergänzen.
- Die dann vervollständigten Formen müssen am Ende der Aufgabenlösung genauso aussehen wie die 5 Muster in der obersten Reihe.
- Ihr habt 10 Minuten Zeit.

Beispiel

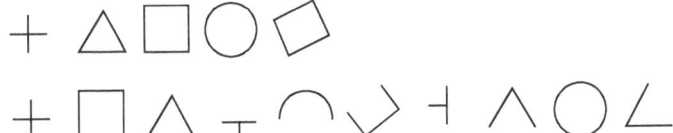

Aufgabe B: Eine wichtige Botschaft

MATERIAL: Arbeitsblatt, Bleistift

INSTRUKTION:
- Jetzt sollt ihr eine Geheimschrift »entziffern«.
- Sie enthält eine für euch wichtige Botschaft.
- Jedem Symbol (Zeichen) ist ein Buchstabe zugeordnet.

Lösungsschlüssel:
- Schreibt unter jedes Symbol den zugehörigen Buchstaben.
- Ihr müsst gut aufpassen, da die Zeichen sich ähnlich sind.
- Die ersten 3 Wörter lösen wir gemeinsam.
- Zum Schluss lesen wir die Botschaft vor.
- Euch stehen dazu 25 Minuten zur Verfügung.

Punktebewertung 16. Tag

Aufgabe A

0 Fehler	5 Punkte
1 – 3 Fehler	4 Punkte
4 – 7 Fehler	3 Punkte
8 – 11 Fehler	2 Punkte
12 – 15 Fehler	1 Punkt

Aufgabe B

0 Fehler	5 Punkte
1 – 3 Fehler	4 Punkte

4 – 6 Fehler   3 Punkte
7 – 10 Fehler   2 Punkte
11 – 15 Fehler   1 Punkt

Bemerkung: Jede Hilfe – Erklärung des Symbols – zählt als halber Fehler.

17. Tag

Aufgabe A: Überprüfung der Punktmengen in Kreisen

MATERIAL: Arbeitsblatt, Filzstift

INSTRUKTION:
- Auf eurem Arbeitsblatt findet ihr Kreise mit Punkten vorgegeben.
- Die 3 Kreise in der obersten Reihe stellen wiederum das gültige Muster für die von euch zu lösende Aufgabe dar.
- Seht euch zunächst die Muster an (Trainer zeigt und erläutert das Prinzip der Einteilung der Kreise sowie die entsprechende Punkteverteilung):

 Der zweigeteilte Kreis enthält jeweils einmal 1 Punkt, einmal 2 Punkte.

 Der dreigeteilte Kreis enthält jeweils einmal 1Punkt, einmal 2 Punkte, einmal 3 Punkte.

 Der viergeteilte Kreis enthält jeweils einmal 1 Punkt, einmal 2 Punkte, einmal 3 Punkte, einmal 4 Punkte.

- Die darunter dargestellten Kreise sind nun von euch mit dem jeweiligen Muster der Reihe nach zu vergleichen, fehlende Punkte sind mit dem Filzstift zu ergänzen.
- Ihr habt dazu 20 Minuten Zeit.

Beispiel:

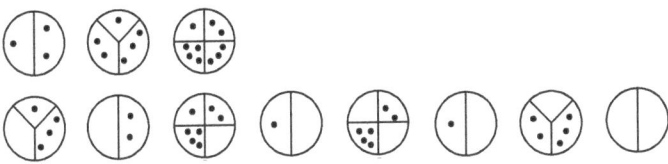

Aufgabe B: Kopfrechnen

MATERIAL: Differenzierte Aufgaben für jede Klassenstufe

INSTRUKTION:
- Ich stelle jetzt wieder Kopfrechenaufgaben.
- Jeder kommt insgesamt mit 7 Aufgaben dran.
- Zur Aufgabenlösung hat jeder eine halbe Minute Zeit.
- Ich stelle jede Aufgabe nur einmal und wiederhole sie nicht.
- Überlegt die Lösung genau, ehe ihr antwortet. Es ist ebenfalls nicht möglich, sich zu berichtigen.
- Ist eine falsche Antwort gegeben worden, kann diese von einem anderen Kind verbessert werden; dieses Kind erhält keine Aufgabe in der folgenden Runde bzw. kann dadurch eine vorher selbst falsch gegebene Antwort ausgleichen.

Verwendet werden einfache mehrgliedrige Additions- und Subtraktionsaufgaben im Zahlenraum bis 100.

Punktebewertung 17. Tag

Aufgabe A

0 – 1 Figur falsch	7 Punkte
2 – 4 Figuren falsch	6 Punkte
5 – 8 Figuren falsch	5 Punkte
9 – 12 Figuren falsch	4 Punkte
13 – 16 Figuren falsch	3 Punkte
17 – 20 Figuren falsch	2 Punkte
21 – 25 Figuren falsch	1 Punkt

Aufgabe B

7 Aufgaben richtig gelöst	3 Punkte
6 Aufgaben richtig gelöst	2 Punkte
5 Aufgaben richtig gelöst	1 Punkt

---

18. Tag

Aufgabe A: Entschlüsseln von Wörtern nach einer »Geheimschrift«

MATERIAL: Arbeitsblatt »Geheimschrift«, Bleistift

INSTRUKTION:
- Auf eurem Arbeitsblatt sind viele Symbole dargestellt. Sie stehen diesmal anstelle von Buchstaben (Trainer erläutert, dass durch Symbole dargestellte Buchstaben eine »Geheimschrift« ergeben, die nur derjenige lesen kann, der den Schlüssel zur Umwandlung der Symbole in Buchstaben kennt).
- Eure Aufgabe ist es jetzt, die »Geheimschrift« auf eurem Arbeitsblatt zu lesen:

- Seht euch zunächst die Buchstabenzuordnung an! In den oberen 3 Reihen auf dem Arbeitsblatt findet ihr über jedem Symbol den Buchstaben angegeben, für den das Symbol steht (Trainer erläutert die Mustervorgabe).
- Darunter (4. Reihe) findet ihr ein Beispiel, wie man die »Geheimschrift« entschlüsseln kann (Trainer erläutert das schrittweise Vorgehen beim »Entschlüsseln« am dargestellten Beispiel).
- Die folgenden 15 Wörter sind nun von euch zu entschlüsseln. Wie am Beispiel erläutert, sucht ihr für jedes einzelne Symbol den im Muster entsprechend vorgegebenen Buchstaben und notiert die jeweils gefundenen Buchstaben nacheinander auf der gepunkteten Zeile hinter bzw. unter dem verschlüsselten Wort.
- Habt ihr alle Buchstaben richtig entschlüsselt, ergibt jede Zeile ein sinnvolles Lösungswort.
• Ihr habt dazu insgesamt 25 Minuten Zeit.

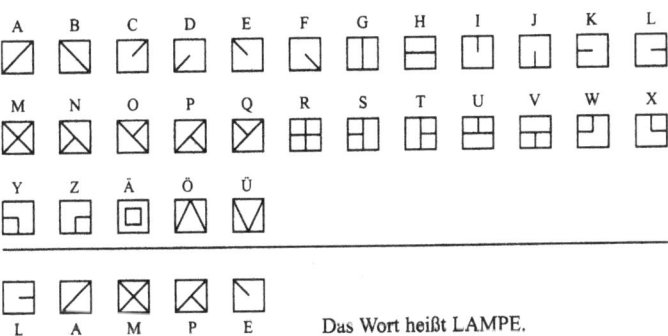

Das Wort heißt LAMPE.

Aufgabe B: Differenziertes Erfassen von Teilen im ganzen

MATERIAL: Arbeitsblatt (SACHSENWEGER, R.; SACHSENWEGER, U.: Sehübungen, Leipzig 1981, S. 66/67), Papier und Bleistift

INSTRUKTION:
- Vor euch liegt eine Abbildung.
- Auf der linken Seite sind einzelne Blumen dargestellt.
- Auf der rechten Seite seht ihr Sträuße, die aus den verschiedenen Blumen, die links abgebildet sind, zusammengestellt wurden.
- Eure Aufgabe besteht darin herauszufinden, aus welchen einzelnen Blumen die verschiedenen Sträuße bestehen.
- Zur Lösung dieser Aufgabe schreibt ihr auf euren Zettel:
  – Kennzeichnung der Vase durch den entsprechenden Buchstaben (A, B, C, D, E)
  – Dahinter schreibt ihr die Ziffern der Blumen, aus denen der Strauß zusammengesetzt ist (Trainer verweist auf das Bild).
- Ihr habt dazu 15 Minuten Zeit.
- Den ersten Strauß »binden« wir gemeinsam.

Bemerkung: Alle 5 Sträuße sind zu bearbeiten.

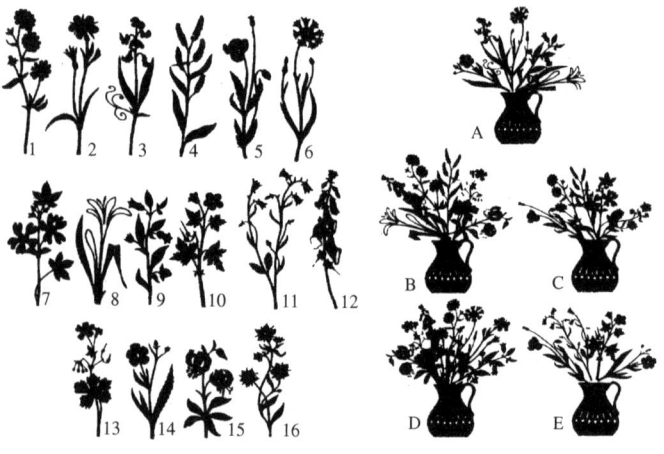

Punktebewertung 18. Tag

Aufgabe A

0 Fehler	6 Punkte
1 – 3 Fehler	5 Punkte
4 – 6 Fehler	4 Punkte
7 – 9 Fehler	3 Punkte
10 – 12 Fehler	2 Punkte
13 – 15 Fehler	1 Punkte

Aufgabe B

0 – 1 Fehler	4 Punkte
2 – 3 Fehler	3 Punkte
4 – 5 Fehler	2 Punkte
6 – 7 Fehler	1 Punkt

19. Tag

Aufgabe A: Übereinstimmung von Zahlen und Symbolen herstellen

MATERIAL: Je Kind 2 Arbeitsblätter, Bleistift

INSTRUKTION:
- Die heutige Aufgabe, die ihr lösen sollt, hat 2 Teile. Deshalb erhaltet ihr auch zwei Arbeitsblätter.
- Es handelt sich bei der ersten Teilaufgabe darum, dass zu vorgegebenen Zahlen richtige Symbole zugeordnet werden. Bei der zweiten Teilaufgabe gilt es zu überprüfen, ob die schon den Zahlen zugeordneten Symbole Fehler enthalten.
- Ihr findet (wie immer) auf beiden Arbeitsblättern jeweils in der obersten Zeile das Muster für die Zuordnung (Trainer erklärt die Symbole für die einzelnen Zahlen).

- Zur Lösung der beiden Teilaufgaben geht ihr wie folgt vor:
  - Ihr beginnt mit dem Arbeitsblatt 1. Dort findet ihr Zahlen vorgegeben, denen entsprechende Symbole zuzuordnen sind. Dabei richtet ihr euch nach dem obenstehenden Muster (Trainer weist auf die einzelnen Formen der Symbole hin).

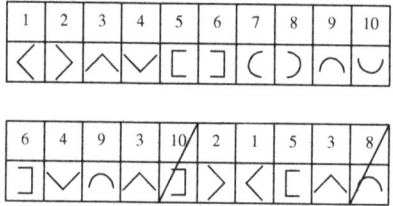

  - Wenn ihr diese Aufgabe gelöst habt, nehmt ihr das Arbeitsblatt 2. Dort sind die Symbole bereits den Zahlen zugeordnet, aber es sind einige Fehler bei der Zuordnung entstanden.

  - Diese Fehler (die falschen Zuordnungen) sollt ihr jetzt heraussuchen.
  - Dazu vergleicht ihr alle Zuordnungen mit dem vorgegebenen Muster, falsche Zuordnungen streicht ihr mit dem Bleistift aus (Trainer weist auf das Beispiel auf dem Arbeitsblatt hin).
- Ihr habt insgesamt 20 Minuten Zeit.

Aufgabe B: Kopfrechnen

INSTRUKTION:
- Zum Schluss sind nochmals Kopfrechenaufgaben zu lösen.
- Jeder bekommt 10 Aufgaben gestellt.
- Zur Aufgabenlösung ist jeweils eine halbe Minute Zeit.
- Ich stelle die Aufgaben wieder nur einmal und wiederhole sie nicht.
- Überlegt genau, ehe ihr antwortet. Es ist nicht möglich, sich zu berichtigen.
- Ist eine falsche Antwort gegeben worden, kann diese von einem anderen Kind verbessert werden. Damit kann eine vorher falsche Antwort ausgeglichen werden bzw. kann derjenige dann eine Runde aussetzen.

Bemerkung: Verwendet werden einfache mehrgliedrige Additions- und Subtraktionsaufgaben im Zahlenraum bis 100.

Punktebewertung 19. Tag

Aufgabe A

0 – 1 Fehler	6 Punkte
2 – 4 Fehler	5 Punkte
5 – 7 Fehler	4 Punkte
8 – 10 Fehler	3 Punkte
11 – 13 Fehler	2 Punkte
14 – 16 Fehler	1 Punkt

Aufgabe B

0 Fehler	4 Punkte
1 – 2 Fehler	3 Punkte
3 – 4 Fehler	2 Punkte
5 – 6 Fehler	1 Punkt

20. Tag

Aufgabe A: Rechnen mit Zahlensymbolen

MATERIAL: Arbeitsblätter, Bleistift

INSTRUKTION:
- Ihr sollt heute noch einmal rechnen. Statt Aufgaben mit Zahlen stelle ich euch wieder Aufgaben, in denen die Zahlen durch Zeichen (Symbole) ersetzt sind (Trainer verweist auf das Arbeitsblatt und erinnert eventuell an analoge vorher gestellte Aufgaben).
- Seht euch auf eurem Arbeitsblatt zunächst wieder die obere Zeile an. Dort findet ihr die Symbole (Zeichen), mit denen ihr rechnen sollt.
  - Jedes Zeichen in einem Kästchen hat einen bestimmten Zahlenwert (Trainer erläutert die erste Zeile; weist auf einzelne Zeichen hin).
  - Bei den für euch zu lösenden Aufgaben sind nun in einigen Kästchen mehrere Zeichen vereinigt worden (Trainer erläutert die Darstellungen auf dem Arbeitsblatt, Zeile 2 und 3).
  - Sind also in den Kästchen mehrere Zahlenwerte vereinigt, so ist der Gesamtwert eines Kästchens zunächst durch Addition aller Teilwerte zu ermitteln, erst danach kann die Aufgabe im jeweiligen vorgegebenen Rechenverfahren weiter gelöst werden.
- Die Aufgaben sind im Kopf zu rechnen. Zwischenergebnisse bei der Ermittlung des Zahlenwertes eines Kästchens dürfen bei den Aufgaben zusätzlich notiert werden, bei denen an entsprechender Stelle dafür jeweils drei Pünktchen vorgegeben sind (Trainer verdeutlicht das an einigen Beispielen).
- Ihr habt 25 Minuten Zeit.

Beispiel

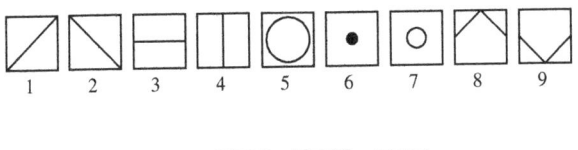

Aufgabe B: Mandala

MATERIAL: Arbeitsblatt mit Mandala (»Akzente«, Heft 7/ 1996), Buntstifte

INSTRUKTION:
- Wir kommen jetzt zur allerletzten Aufgabe unseres Konzentrationstrainings-Programms.
- Ihr habt euch 20 Trainingseinheiten hindurch große Mühe gegeben.
- Das letzte Arbeitsblatt zeigt ein Mandala, das als Symbol für Ruhe, Ausgeglichenheit, Geschlossenheit steht.

- Ihr sollt ohne Zeitdruck mit den Farben eurer Wahl dieses Mandala gestalten und vor allem die Meerestiere sorgfältig ausmalen.
- Dabei könnt ihr euch noch einmal im Stillen einzelne Stationen unseres gemeinsamen Trainings ins Gedächtnis rufen (evtl. resümiert Trainer nochmals den Verlauf der 20 Trainingseinheiten, während die Kinder malen).
- Ihr habt dazu 10 Minuten Zeit.

Punktebewertung 20. Tag

Aufgabe A

0 Fehler	8 Punkte
1 – 2 Fehler	7 Punkte
3 – 4 Fehler	6 Punkte
5 – 6 Fehler	5 Punkte
7 – 8 Fehler	4 Punkte
9 – 10 Fehler	3 Punkte
11 – 12 Fehler	2 Punkte
13 – 14 Fehler	1 Punkt

Aufgabe B

alle Meerestiere sauber ausgemalt	2 Punkte
sauber, aber unvollständig ausgemalt	1 Punkt

Erfahrungen mit diesem Programm

Untersuchungen zur therapeutischen Effizienz des Konzentrationstrainings-Programms

Um die Effektivität des KTP zu objektivieren und zugleich die Möglichkeit der Kombination mit medikamentöser Behandlung (Stimulanzien- versus Neuroleptika-Therapie) zu überprüfen, wurden in den 80er Jahren von BARCHMANN und KINZE in einer umfangreichen Studie insgesamt 248 Kinder der 1. bis 4. Grundschulklassen untersucht.

Alle Kinder waren jeweils ein halbes Schuljahr stationär kinderpsychiatrisch behandelt und lehrplangerecht beschult worden. Innerhalb des gesamten Therapieprogramms erfolgte nach Zufallszuordnung eine Aufteilung in unterschiedliche Therapiegruppen – ausschließlich KTP, tgl. 10 mg Aponeuron, tgl. 0,9 – 1,2 mg Haloperidol oder Placebo sowie Kombinationen von Aponeuron bzw. Haloperidol mit dem KTP.

Zur genaueren Differenzierung der therapeutischen Effekte wurden unterschiedlich strukturierte Konzentrationstests (KHV nach KOCH und PLEISSNER; MFF nach KAGAN; DL-KG nach KLEBER und KLEBER; TPK nach KURTH) sowie Verfahren zur Selbsteinschätzung der Kinder (CPQ nach CATTELL) und zu ihrer Fremdbeurteilung (E-F nach MEYER-PROBST) eingesetzt.

Die *Ergebnisse* dieser umfangreichen klinisch-psychologischen Untersuchungen (Einzelheiten s. KINZE 1986) lassen sich zusammenfassend folgendermaßen darstellen:

1. Das KTP bewirkt eine Verbesserung der Leistungsgüte, d. h. eine Verringerung der Fehlerzahl, bei einfachen Sortieraufgaben in der Einzelsituation (KHV) mit etwas erhöhtem Zeitbedarf, bei schulrelevanten Aufgaben in der Gruppe (TPK) ohne quantitative Einbußen.

Im Verhalten schätzen sich die Kinder nach dem KTP in der Tendenz als weniger ängstlich und weniger emotional labil ein, während sie von ihren Lehrern als erzieherisch etwas schwieriger führbar beurteilt werden.

2. Die morgendliche Stimulanziengabe führte zu einem quantitativen Leistungszuwachs, also einer erhöhten Leistungsmenge bzw. einem verringerten Zeitbedarf. Die Leistungsgüte wurde nur insofern verbessert, als trotz gestiegener Quantität die Fehlerrate nicht zunahm.

Im Selbstbild der Kinder verringerten sich die Faktoren Angst und Neurotizismus. Im Lehrerurteil wurden jedoch die mit Aponeuron behandelten Kinder auffälliger, besonders durch ihre gesteigerte motorische Unruhe. Der vielzitierte „paradoxe Effekt" der Stimulanzien auf das „hyperkinetische" Verhalten ließ sich in dieser Untersuchung nicht bestätigen.

3. Das zur Dämpfung von affektiver Störbarkeit und psychomotorischer Unruhe eingesetzte, niedrig dosierte Haloperidol (3 x 3 bis 4 Tropfen tgl.) hatte auf die Konzentrationsleistungen einen eher ungünstigen Effekt. Im Vergleich zur mit Placebo behandelten Kontrollgruppe stiegen die Fehlerzahlen sowohl in der Einzel- als auch in der Gruppensituation leicht an, zugleich kam es zu einem Absinken der Leistungsmenge.

Im Selbstbild veränderten sich die mit Haloperidol behandelten Kinder nicht, im Lehrerurteil erwiesen sie sich jedoch als sozial angepasster und weniger hyperkinetisch.

4. Die Kombinationsbehandlung mit dem KTP ergab eine sinnvolle Ergänzung des quantitativ steigernden Stimulanzien-Effektes mit der die Leistungsqualität verbessernden Wirkung des KTP, ohne dass sich die nach dem Lehrerurteil ungünstigen Auswirkungen auf das Sozialverhalten summierten.

Durch die Kombination mit dem KTP ließen sich die Leistungseinbußen, die durch das Neuroleptikum bewirkt wurden, kompensieren, ohne dass die anpassungsfördernden Wirkungen des Medikaments wesentlich beeinträchtigt wurden.

Die Größenordnungen der erreichten Veränderungen liegen zwischen 1 und 2 C-Werten. Sie sind damit psychodiagnostisch objektivierbar und im Verhalten der Kinder sichtbar. Wenn sie sich nicht kurzfristig in verbesserten Schulnoten niederschlagen, so liegt das daran, dass die in vielen Fällen bereits kumulativ entstandenen Leistungsdefizite durch das Konzentrationstrainings-Programm allein nicht kompensiert werden können. Werden in die Überlegungen zur Indikation der einzelnen Therapieverfahren auch die unterschiedlichen *Leistungsvorbedingungen* der einzelnen Kinder wie Intelligenz, Geschlecht und klinische Zeichen einer leichten frühkindlichen Hirnfunktionsstörung sowie der Schweregrad der vorbestehenden Konzentrationsstörungen einbezogen, lassen sich folgende Ergebnisse formulieren:

1. Die höchsten Steigerungsraten in den Konzentrationsleistungen sowohl mit dem KTP als auch mit Stimulanzien sind zu erzielen bei Mädchen, bei Kindern mit primär schlechten Konzentrationsleistungen, mit nur durchschnittlicher Intelligenz und fehlenden Hinweisen auf eine Hirnfunktionsstörung.

2. Von den leistungshemmenden Auswirkungen des Neuroleptikums sind am wenigsten betroffen die Mädchen sowie die Kinder mit überdurchschnittlicher Intelligenz, jedoch fehlenden Hinweisen auf eine Hirnfunktionsstörung und primär sehr schlechten Konzentrationsleistungen.

3. Für die klinische Praxis ist zu schlussfolgern, dass medikamentöse Therapie sinnvollerweise durch übende Verfahren (z.B. ein Konzentrationstrainings-Programm) zu ergänzen ist, da nur hierdurch qualitative Leistungsverbesserungen erreichbar sind und letztlich die Leistungsgüte das entscheidende Kriterium für den Schulerfolg darstellt. Dabei profitieren Kinder mit durchschnittlicher Intelligenz und primär schlechten Konzentrationsleistungen von dem KTP in stärkerem Maß.

Stimulanzien sollten nach dieser Studie vorrangig bei verlangsamt arbeitenden, antriebsgeminderten Kindern eingesetzt werden.

Neuroleptika-Therapie ist bei vorwiegend verhaltensauffälligen Kindern wegen der anpassungsfördernden Wirkung indiziert, ohne dass eine Blockierung der Lernfähigkeit dieser Kinder zu befürchten ist, zumindest nicht bei den angegebenen niedrigen Dosierungen.

Langzeiteffekte bei der Therapie von
Konzentrationsstörungen mittels des Konzentrations-
trainings-Programms

Um behandlungsüberdauernde Therapieeffekte objektivieren zu können, wurden die oben aufgeführten Kindergruppen mit identischer Methodik 1/4 Jahr und 1 Jahr nach der stationären Entlassung nachuntersucht. In der 1. Katamnese konnten 90 %, in der 2. Katamnese 80 % aller ehemaligen Patienten wieder erfasst werden.

Folgende zusammenfassende *Ergebnisse* liegen vor:

1. Im konzentrativen Bereich, unter Beachtung von Leistungstempo und Sorgfalt, erreichen die größten Zugewinne die unter Stimulanzien trainierten Kinder.

2. Vergleichbare, nur in der Ausprägung geringere Effekte, werden durch alle trainierten Kinder, unabhängig von der Medikation, erzielt.

3. In der Kontroll- und der ausschließlichen Stimulanzien-Gruppe war hingegen kein leistungssteigernder Effekt nachzuweisen.

4. Von daher erweist sich das Konzentrationstrainings-Programm als die den therapeutischen Effekt wesentlich bestimmende Maßnahme.

5. Eine während der Übung erfolgte zusätzliche Medikation variiert die therapeutischen Einzelwirkungen, was auch noch ein Jahr nach Absetzen als überdauernder Effekt nachweisbar ist.

6. Unter dem ausschließlichen Aspekt der Verbesserung von Konzentrationsleistungen erweist sich die unmittelbare Kombinationsbehandlung von KTP und Stimulanzien als am gün-

stigsten. Sie ist jedoch den anderen therapeutischen Interventionen nicht so überlegen, dass ihr absolute Priorität zuzuschreiben wäre.

7. In den Verhaltensbeurteilungen der Lehrer und Eltern ergeben sich zwischen den einzelnen Behandlungsgruppen nur geringe Unterschiede.

8. In den Schulleistungen finden sich die günstigsten Effekte bei Kindern, die zuvor unter Medikamenten trainiert wurden. Besonders deutlich treten sie in der Verhaltensbeurteilung, aber auch in den Leistungsbewertungen für Lesen, Rechtschreiben und Rechnen zutage.

9. In den Selbsteinschätzungen der Kinder mittels des CPQ (Childrens Personality Questionnaire) fanden sich zwischen den Behandlungsgruppen keine praktisch relevanten Veränderungen, jedoch blieben die vorgenannten günstigen Effekte auf das Selbstbild der Kinder auch nach dem Katamnesezeitraum erhalten.

Zusammenfassend:
Auf die Behandlung von Konzentrationsstörungen hat das hier verwendete KTP grundsätzlichen und therapieübergreifenden, auch noch ein Jahr nach Applikation objektivierbaren Einfluss.

Ambulante Erfahrungen mit dem Konzentrationstrainings-Programm

Auch in ambulanten kinderpsychiatrischen und psychologischen Praxen und Beratungsstellen werden jährlich viele Kinder primär wegen Konzentrationsstörungen vorgestellt, bei einem weiteren nicht unerheblichen Prozentsatz ist die Konzentrationsstörung Bestandteil eines komplexeren Krankheitsgeschehens.

Aus diesem Grund wurde das vorliegende Trainings-Programm seit Mitte der 80er Jahre von vielen Psychologen, Pädagogen und Ärzten in der ambulanten Praxis eingesetzt und durch effektkontrollierende Studien begleitet.

Unter letztgenanntem Gesichtspunkt führten wir eigene Untersuchungen durch und werteten die von Kollegen zur Verfügung gestellten Daten aus.

Auf diese Weise wurden die Ergebnisse von insgesamt 278 Kindern der 1. bis 4. Grundschulklasse (92 Kinder der 1. und 2. Klasse und 186 Kinder der 3. und 4. Klasse) ausgewertet.

Das Geschlechterverhältnis betrug über alle Altersgruppen hinweg etwa 1 : 5 zugunsten der Jungen. Dies kann als eine Bestätigung der Knabenwendigkeit psychischer Auffälligkeiten im Kindesalter dienen.

Da die für die Prä- und Postdiagnostik der konzentrativen Fähigkeiten verwendeten psychodiagnostischen Verfahren zwischen den Anwendern des KTP zugestandenermaßen etwas variierte, wird hier eine kategorisierende Auswertung der Ergebnisse vorgenommen.

Die nachfolgende Tabelle informiert über die Behandlungsergebnisse.

Ergebnisse ambulant behandelter konzentrationsgestörter Kinder						
Verbesserung						
	ohne Effekt	quantitativ	qualitativ	quantitativ und qualitativ	Summe	qualitativer Sprung
1. Klasse	2	3	6	18	29	9
2. Klasse	4	6	9	44	63	22
3. Klasse	1	6	12	85	104	37
4. Klasse	0	4	17	61	82	24
Summe	7	19	44	208	278	92

Es wird deutlich, dass die angestrebten qualitativen und quantitativen Veränderungen der konzentrativen Fähigkeiten bei der Mehrzahl der Kinder (rund 75 %) erreicht wurden. Die Kinder arbeiten also nach der Behandlung reflexiver und zeigen eine größere Ausdauer.

Rund 16 % der Kinder zeigen ausschließlich eine Abnahme der Fehlerwerte und rund 7 % ausschließlich eine Verringerung des Arbeitstempos.

Lediglich bei 2,5 % der Kinder war weder im qualitativen noch im quantitativen Bereich eine messbare Veränderung der konzentrativen Fähigkeiten nachweisbar. Die bereits weiter oben erwähnte individuelle Verbesserung mit der daraus resultierenden Hebung des Selbstvertrauens war aber auch bei diesen Kindern zu verzeichnen.

In diesem Zusammenhang interessiert auch, wie viel Prozent der Kinder vom konzentrationsgestörten Bereich in den Normalbereich der eingesetzten Prüfverfahren wechselten, also einen qualitativen Sprung in ihrem Leistungsverhalten vollzogen. Bezogen auf die vier Altersgruppen liegt dieser Anteil bei 29 bis 36 %.

Mit den vorliegenden Ergebnissen wurde der Nachweis erbracht, dass es beim Einsatz des KTP keine Therapie-Versager gibt.

Unter ambulanten Bedingungen wurde das KTP in unterschiedlichen Organisationsformen appliziert:

- eine Therapiestunde wöchentlich am Nachmittag (20 Wochen)
- zwei Therapiestunden wöchentlich am Nachmittag (10 Wochen)
- eine Therapiestunde täglich am Vormittag statt einer Schulstunde (20 Tage)
- eine Therapiestunde täglich am Nachmittag (20 Tage)
- zwei Therapiestunden täglich am Vormittag in den Schulferien (10 Tage)

Positive Effekte waren unter allen Applikationsformen nachzuweisen. Die in der Tabelle erfassten Kinder rekrutieren sich aus allen Applikationsmodi. Als am günstigsten hat sich das tägliche Training in den Vormittagsstunden bewährt, gefolgt vom täglichen Training am Nachmittag, während sich das einmalige Training pro Woche als am wenigsten effektiv erwies.

Literatur

ABELS, D. (1954/1974): Konzentrations-Verlaufs-Test. Handanweisung. Stuttgart-Bad Cannstein

ARNOLD, W. (1961/1975): Der Pauli-Test. München

BARCHMANN, H. (1983): Konzentrations-Trainings-Programm für Kinder. Promotion A, Universität Leipzig

BARCHMANN, H. (1988): Empirische Untersuchungen bei konzentrationsgestörten jungen Schulkindern – Diagnostik, Therapie und Prophylaxe. Promotion B, Universität Leipzig

BARCHMANN, H. und KINZE, W. (1985): Unterschiede in der Beurteilung kindlicher Verhaltensauffälligkeiten zwischen verschiedenen Bezugspersonen. In: Z. ärztl. Fortbildung 79, 1018–1020

BARCHMANN, H. und KINZE, W. (1987 a): Bedeutung von Geschlecht und Einschulungstermin auf den Schulerfolg im Grundschulalter. Ärztl. Jugendkd. 78, 316–324

BARCHMANN, H. und KINZE, W. (1987 b): Methodische Aspekte zur Diagnostik der Konzentrationsfähigkeit im Kindesalter. Psychologie für die Praxis

BARCHMANN, H. und KINZE, W. (1990): Musik bei Schulaufgaben – Anregung oder Störung? Unveröffentlichtes Manuskript. Lübben

BARCHMANN, H. und KINZE, W. (1991): Kinder mit überdurchschnittlicher Konzentrationsfähigkeit. In: BARCHMANN, H.; KINZE, W. und ROTH, N. (Hg.): Aufmerksamkeit und Konzentration im Kindesalter. Berlin

BARCHMANN, H.; KINZE, W. und ETTRICH, K.U. (1985): Therapie von Konzentrationsstörungen im Kindesalter. Psychologie für die Praxis

BARCHMANN, H.; ETTRICH, K.U. und KINZE, W. (1985): Therapie von Konzentrationsstörungen im Kindesalter. In: Psychologie für die Praxis 2, 143–149

BARCHMANN, H.; KINZE, W. und ETTRICH, K.U. (1986): Die Bedeutung der »motometrischen Entwicklungsdiagnostik« nach Kurth für die Kinderneuropsychiatrie. In: Psychologie für die Praxis 1, 58–63

BARCHMANN, H.; ETTRICH, K.U. und KINZE, W. (1987): Methodische Aspekte zur Diagnostik der Konzentrationsfähigkeit im Kindesalter. Psychologie für die Praxis, 156–160

BARCHMANN, H.; KINZE, W. und ROTH, N. (Hg.) (1991): Aufmerksamkeit und Konzentration im Kindesalter. Berlin

BARCHMANN, H.; ETTRICH, K.U.; KINZE, W. und RESCHKE, K. (1986): Konzentrationstraining. Ein Therapieprogramm für Kinder von 6 bis 10. Leipzig

BARCHMANN, H.; ETTRICH, K.U.; KINZE, W. und RESCHKE, K. (1988): Konzentrationstraining. Ein Therapieprogramm für Kinder von 6 bis 10. Leipzig

BARCHMANN, P. (1976): Das Hyperkinetische Syndrom im Kindesalter. Richtlinien für den behandelnden Arzt unter der Berücksichtigung der Therapie mit Methylphenidat. Bern

BERG, D. (1987): Konzentrationsschwierigkeiten bei Schulkindern. In: HORN, R. u.a. Tests und Trends 6. München, 65–102

BERG, D. (1991 a): Psychologische Grundlagen und Konzepte von Aufmerksamkeit und Konzentration. In: BARCHMANN, H.; KINZE, W. und ROTH, N. (Hg.): Aufmerksamkeit und Konzentration im Kindesalter. Berlin

BERG, D. (1991 b): Strategien zur Diagnostik von Konzentrationsstörungen. In: BARCHMANN, H.; KINZE, W. und ROTH, N. (Hg.): Aufmerksamkeit und Konzentration im Kindesalter. Berlin

BERGMANN, G. (1996): Veränderungswerte kognitiver Parameter bei Vorschulkindern in Abhängigkeit vom Einsatz eines Konzentrations-Trainings-Programms. Diss., Universität Leipzig

BIERMANN, G. (1978): Autogenes Training mit Kindern und Jugendlichen. München, Basel

BINAS, D. (1973): Konzentrations-Trainings-Programm für Kinder des 3. und 4. Schuljahres (KTP 3 – 4). Weinheim

BRICKENKAMP, R. (1975): Handbuch psychologischer und pädagogischer Tests. Göttingen

BRICKENKAMP, R. (1978): Test d2. Aufmerksamkeits-Belastungs-Test. Göttingen

BRICKENKAMP, R. (1983): Erster Ergänzungsband zum Handbuch psychologischer und pädagogischer Tests. Göttingen

BURNETT, K.F., TAYLOR, B.C. und AGRAS, W. (1985): Ambulatory Computer-Assisted Therapy for Obesity. A New Frontier for Behavior Therapy. Journal of Consulting and Clinical Psychology 53, 5

BUSEMANN, H. (1959): Psychologie der Intelligenzdefekte. Basel

CAMMANN, R. und SPIEL, G. (1991): Neurophysiologische Grundlagen von Aufmerksamkeits- und Konzentrationsleistungen. In: BARCHMANN, H.; KINZE, W. und ROTH, N. (Hg.): Aufmerksamkeit und Konzentration im Kindesalter. Berlin

CANTWELL, D.P. (1975): Genetic studies of Hyperactive Children, In: FIEVE, R.; ROSENTHAL, R.; BRILL, H.: Genetic Resesearch in Psychiatry. Baltimore

CATTELL, R.B. (1975): Handbook for the Children's Personality Questionnaire (CPQ). Illinois
CATTELL, R.B. und WEISS, R.H. (1978): Grundintelligenztest CFT 20. Braunschweig
CONNERS, C.K. (1969): A teacher rating scale for use in drug studies with children. American Journal of Psychiatry, 126, 883–888
CONNERS, C.K. (1970): Symptom patterns in hyperkinetic, neurotic and normal children. Child Development 41, 668–682
CONNERS, C.K. (1973): Rating scales for use in drug studies with children. Psychopharmacology Bull. – Special Issue
CRUICKSHANK, W.M. u.a. (1961): A teaching method for brain inuured and hyperactive children. Syracuse
CZERWENKA, K. (1993): Unkonzentriert, aggressiv und hyperaktiv. Wer kann helfen? In: Zeitschr. f. Pädagogik 39, 721–744
CZERWENKA, K. (1994): Das hyperaktive Kind. Ursachenforschung – Pädagogische Ansätze – Didaktische Konzepte. Weinheim
DÖPFNER, M.; SCHLÜTER und REY, E.R. (1981): Evaluation eines sozialen Kompetenztrainings für selbstunsichere Kinder von neun bis zwölf Jahren – Ein Therapievergleich. Zeitschrift für Kinder- und Jugendpsychiatrie
DRUMMER, H. (1993): Untersuchungen zum Konzentrationstraining unter Beachtung verschiedener Trainingsmodifikationen. Diplomarbeit, Institute für Psychologie, Universität Leipzig,
DRUMMER, H. und RESCHKE, K. (1994): Intervention bei Konzentrationsstörungen durch Schulpsychologen. In: RESCHKE, K. (Hg.): Zur gesunden Schule unterwegs. Regensburg
DÜKER, H. und LIENERT, G.A. (1965): Der Konzentrations-Leistungs-Test. Handanweisung. Göttingen
DUTSCHMANN, A.; GEMKOW, D.; SÜSMUTH, E. und MLODY, V. (1985): Einsatz des Computers in Kindertherapie und Heilpädagogik. (unveröff. Arbeitsbericht) Lernzentrum Bedburg-Hau
DUTSCHMANN, A.; GEMKOW, D. und MLODY, V. (1986): Computereinsatz in der Kindertherapie (unveröff. Arbeitsbericht). Lernzentrum Bedburg-Hau
EGGER, J. (1995): Möglichkeiten von Diätbehandlungen bei hyperkinetischen Störungen, In: STEINHAUSEN, H.-C. und ALSTER, M. v. (Hg.): Handbuch der Verhaltenstherapie und Verhaltensmedizin bei Kindern und Jugendlichen. Weinheim
EGGER, J.; CARTER, C. M.; GRAHAM, P. J.; GUMLEY, D. & SOOTHILL, J. F. (1985): Controlled trial of oligoantigenic Treatment in the Hyerkinetic syndrome. Lancet ii: 540–545
EGGERT, D. (Hg.) (1975): Hannover-Wechsler-Intelligenztest für Vorschulkinder (HAWIVA). Göttingen
EICHLSEDER, W. (1987): Unkonzentriert? Hilfen für hyperaktive Kinder und ihre Eltern. München

EICHLSEDER, W. (1988): Psychopharmaka viel besser als Psychologen. In: Medical Tribune 45, 4–5

EISERT, H. G.; EISERT, M. (1992): Multimodale Intervention – Verhaltenstherapeutische, pädagogische Ansätze und medikamentöse Behandlung beim hyperkinetischen Syndrom, In: STEINHAUSEN, H.-C. (Hg.): Das konzentrationsgestörte und hyperaktive Kind – Ergebnisse aus Klinik und Forschung. Stuttgart

ENNS, J.T. (Hg.) (1990): The development of attention. Amsterdam u.a.: North-Holland, XV, 569

ERIKSON, E.H. (1971): Kindheit und Gesellschaft. Stuttgart

ETTRICH, C. (1994 a): Hyperaktive Kinder und ihre Umwelten – Möglichkeiten der therapeutischen Einflußnahme. In: RESCHKE, K. (Hg.): Zur gesunden Schule unterwegs. Regensburg

ETTRICH, C. (1994 b): Entwicklungsneurologische Längsschnittdaten im Rahmen einer komplexen Entwicklungsdiagnostik als Basis für Schuleingangsuntersuchung und Schulbewährung. Frankfurt a.M.

ETTRICH, C. (1995 a): Hyperaktive Kinder und ihre Umwelten – Integration statt Ausgrenzung. Extracta psychiatrica 6, 20–24

ETTRICH, C. (1995 b): Therapie des hyperkinetischen Syndroms. Extracta psychiatrica. 12, 20–24

ETTRICH, C. und ETTRICH, K.U. (1988): Interdisziplinäre Untersuchungen zur Früh- und Differentialdiagnostik von Entwicklungsgefährdungen im Vorschulalter. Psychologie für die Praxis 6, 49–59

ETTRICH, C. und ETTRICH, K.U. (1990): Die Entwicklung des Leistungs- und Sozialverhaltens drei- bis fünfjähriger Vorschulkinder im psychosozialen Kontext. In: SCHROEDER, H. und RESCHKE, K.: 15 Jahre Psychologie an der Alma mater Lipsiensis. Standpunkte und Perspektiven, Sektion Psychologie, Universität Leipzig

ETTRICH, C. und ETTRICH, K.U. (1991): Differentielle Entwicklungsverläufe psychologischer und neurologischer Parameter bei Jungen und Mädchen von 3 bis 7 Jahren. Forschungsbericht 1/1991. Fachbereich Psychologie und Neuropsychiatrische Klinik für Kinder und Jugendliche, Universität Leipzig

ETTRICH, C. und ETTRICH, K.U. (1993): Pragmatische Aspekte der Therapie hyperkinetischer Kinder. In: 2. Symposium des AÜK, Hannover

ETTRICH, C. und RESCHKE, K. (1988): Ambulante Erfahrungen mit dem Konzentrationstraining. In: BARCHMANN, H.; ETTRICH, K.U.; KINZE, W. und RESCHKE, K.: Konzentrationstraining – Ein Therapieprogramm für Kinder von 6 bis 10. Leipzig

ETTRICH, K.U. (1985): Kinderbeobachtungsbogen (KBB). Psychodiagnostisches Zentrum, Berlin

ETTRICH, K.U. (1989): Diagnostik konzentrativer Fähigkeiten – Das Konzentrations-Handlungs-Verfahren für Vorschulkinder (KHV-VK), In: ETTRICH, K.U. (Hg.): Entwicklungsdiagnostik im Vorschulalter. Leipzig

ETTRICH, K.U. (Hg.) (1989): Entwicklungsdiagnostik im Vorschulalter. Leipzig

ETTRICH, K.U. (1990): Entwicklungspsychologische Grundlagen der Medizinischen Psychologie. In: SCHROEDER, H.; RESCHKE, K. und SCHUMACHER, J. (19): Entwicklungslinien der Medizinischen Psychologie, Universität Leipzig

ETTRICH, K.U. (1991): Zur Entwicklung von Konzentrationsleistungen im Kleinkind- und Vorschulalter, In: BARCHMANN, H.; KINZE, W. und ROTH, N. (Hg.): Aufmerksamkeit und Konzentration im Kindesalter. Berlin

ETTRICH, K.U. (1993): Untersuchungen zur Konzentrationsfähigkeit im Vorschulalter – Ergebnisse mit dem Konzentrations-Handlungs-Verfahren für Vorschulkinder. In: LANGFELDT, H.P.; TROLLDENIER, H.P. (Hg.): Pädagogisch-psychologische Diagnostik. Aktuelle Entwicklungen und Ergebnisse. Heidelberg 1993

ETTRICH, K.U. (1994): Belastungserleben und Copingstrategien von Schülern in Abhängigkeit Selbstkonzeptmerkmalen, Familienklima und Schulklima. In: RESCHKE, K. (Hg.): Zur gesunden Schule unterwegs. Regensburg

ETTRICH, K.U. und FRIES, M. (Hg.) (1996): Lebenslange Entwicklung in sich wandelnden Zeiten. Landau

ETTRICH, K.U. und PIONTEK, F. (1991): Die Entwicklung des Leistungsverhaltens drei- bis fünfjähriger Kinder in Abhängigkeit von familiären Einflussfaktoren. In: MOENKS, F.J. und LEHWALD, G.: Neugier, Erkundung und Begabung bei Kleinkindern. Basel

ETTRICH, K.U.; DIETRICH, L.; KLEMM, G. (1986): Sportpsychotherapie für Kinder. Crimmitschau

EYSENCK, M.W. (1982): Attention and Arousal. Cognition and Performance. Heidelberg

FEINGOLD, B.F. (1975): Why your child is hyperactiv. New York

FELIX, U. (1988): The effects of music, relaxation and other suggestopedic elements in a primary school German class: An experimental investigation. In: Per Linguam, 4, 24–45

FISCHER, B. und LEHRL, (Hg.) (1983): Gehirn-Jogging – Biologische und informationspsychologische Grundlagen des cerebralen Joggings. Tübingen

FORKER-TUTSCHKUS, A. (1996): »Konzentrationstrainingsprogramm in Verbindung mit Progressiver Muskelrelaxation – Eine empirische Studie an Vorschulkindern«. Diss., Universität Leipzig

FRANCK, B. (1985): Erprobung eines Konzentrationstrainingsprogramms bei 8- bis 12jährigen Kindern einer kinderneuropsychiatrischen Aufnahmestation. Diplomarbeit, Universität Leipzig

FRANKE, U. (Hg.) (1988): Aggressive und hyperaktive Kinder in der Therapie. Berlin

FREITAG, H.-J. (1990): Konzentration – ein Kinderspiel. Regensburg
FREY, A. (1995): Beobachten und Erkennen von Verhaltensauffälligkeiten in Kindereinrichtungen. Universität Koblenz-Landau, University Reports, Bericht 8
FRÖLICH, J. (1993): Möglichkeiten des Umgangs mit hyperkinetischen Kindern mit Störungen des Sozialverhaltens im Alter von 6–12 Jahren. Inauguraldissertation, Bonn
FROSTIG, M. und MASLOW, PH. (1973): Learning problems in the classroom. New York, London
FULTON, M.; RAAB, G.M.; THOMSON, G.O.B.; LAXEN, D.P.H.; HUNTER, R.; HEPBURN, W. (1987): Influence of blood lead on the ability and attainment of children of Edinburgh. Lancet, 1221–1226
GÖLLNITZ, G. (1981): Neuropsychiatrie des Kindes- und Jugendalters. Jena
GOODMAN, R. und STEVENSON, J. (1989): A Twin Study of Hyperactivity. Journal of Child Psychology and Psychiatry, 30, 5, 671–709
GUTHKE, J. (1972): Diagnostik der intellektuellen Lernfähigkeit. Deutscher Verlag der Wissenschaften, Berlin
HÄSSLER, F. und IRMISCH, G. (1995): Biochemische Parameter bei Kindern mit hyperkinetischem Syndrom. In: STEINHAUSEN, H.-C. und ALSTER, M. v. (Hg.): Handbuch der Verhaltenstherapie und Verhaltensmedizin bei Kindern und Jugendlichen. Weinheim
HAFER, H. (1986): Die heimliche Droge Nahrungsphosphat. Heidelberg
HELLER, K. und GEISLER, H.J. (1983): Kognitiver Fähigkeitstest – Kindergartenform (KFT-K), Göttingen
HELMKE, A. und RENKL, A. (1993): Unaufmerksamkeit in Grundschulklassen: Problem der Klasse oder des Lehrers? In: Zeitschr. f. Entwicklungspsychologie u. Pädag. Psychologie, 25, 185–205
HETZER, H. und TENT, L. (1967): Der Schulreifetest – Auslesemittel oder Erziehungshilfe. Lindau/Bodensee.
HOCHMUTH, M. (1992): Autogenes Training und Progressive Muskelrelaxation für Eltern-Kind-Gruppen, Untersuchung, Erfahrungsbericht, Anleitung zum Handeln. Fachbereich Psychologie, Universität Leipzig
HOSSBACH, M. (1970): Trainingsversuche mit 8jährigen impulsiven Jungen. Diplomarbeit, Bochum
JESCHKE, B. (1996): Konzentrations-Trainings-Programm für Vorschulkinder unter Einbezug von Entspannungstechniken. Diplomarbeit. Institute für Psychologie, Universität Leipzig
KAGAN, J. (1966): Reflection-impulsivity: The generality of dynamics of conceptual tempo. J. Abnormal Psychology, 7, 17–24
KAGAN, J. (1968): Impulsive and reflexive children: The signivicance of the conceptuel tempo. In: KUHLEN, R.G.: Studies in Educational Psychology
KAGAN, J.; PEARSON, L. & WELCH, L. (1966): Conceptual Impulsivity and Inductive Reasoning. Child Development, 583–594, 121–133

KAGAN, M. (1975): A reply to some misgivings about the Matching. Familiar Figures Test as a measure of reflection-impulsivity. Developmental Psychology 11, 244–248

KAMMERER, E.; SCHAFER, und MACK, B. (1981): Verhaltensmodifikatorische Gruppentherapie zur Reduktion extremer kindlicher Ängste vor dem Zahnarzt. Zeitschrift Kinder- und Jugendpsychiatrie 9

KANDELL, P.C. und FINCH, D.J. (1978): A cognitive-behavioural treatment for impulsivity: A group comparison study. Journal Consulting and Clinical Psychology 46

KANFER, F. H. (1989): Basiskonzepte in der Verhaltenstherapie: Veränderungen während der letzten 30 Jahre, In: HAND, I. und WITTCHEN, H.-U. (Hg.): Verhaltenstherapie in der Medizin. Berlin

KANFER, R. und ACKERMAN, P.L. (1989): Motivation and cognitive abilities: An integrative aptitude-treatment interaction approach to skill learning. Journal of Applied Psychology, 74, 657–690

KINZE, W. (1986): Diagnostik und Therapie von Konzentrationsstörungen im Kindesalter – eine mehrdimensionale Analyse von 248 verhaltensauffälligen Normalschulkindern. Diss. B, Medizinische Akademie, Magdeburg

KINZE, W. (1994 a): Hilfen für Eltern zur Behandlung, Ernährung und Auswahl helfender Institutionen. In: CZERWENKA, K. (Hg.): Das hyperaktive Kind. Ursachenforschung – Pädagogische Ansätze – Didaktische Konzepte. Weinheim

KINZE, W. (1994 b): Zum Stand der Diskussion um die medikamentöse Behandlung hyperkinetischer Kinder. In: CZERWENKA, K. (Hg.): Das hyperaktive Kind. Ursachenforschung – Pädagogische Ansätze – Didaktische Konzepte. Weinheim

KINZE, W. und BARCHMANN, H. (1984): Zur diagnostischen Wertigkeit des »Encephalopathie-Fragebogens« nach Meyer-Probst. In: Psychiat. Neurol. med. Psychol. 36, 161–163

KINZE, W. und BARCHMANN, H. (1989): Diagnostik und Therapieverlauf bei kinderneuropsychiatrischen Patienten mit leichter frühkindlicher Hirnschädigung. In: Wiss. Z. WPU-Rostock – N-Reihe 1, 51–52

KINZE, W. und BARCHMANN, H. (1990): Konzentrationsfähigkeit und Konzentrationsstörungen bei Schulkindern. Psychologie in Erziehung und Unterricht, Vol. 37, 13–25

KINZE, W. und BARCHMANN, H. (1991): Therapie mit Psychopharmaka und ihre Kombination mit psychotherapeutischen Verfahren. In: BARCHMANN, H.; KINZE, W. und ROTH, N. (Hg.): Aufmerksamkeit und Konzentration im Kindesalter. Berlin

KINZE, W. und BARCHMANN, H. (1993): Kinderpsychiatrische Erfahrungen mit der Behandlung von Störungen der Konzentrationsfähigkeit und des Sozialverhaltens. Heilpädagogische Forschung, 19, 164–169

KINZE, W. und SPIEL, G. (1991): Kinderneuropsychiatrische Aspekte. In:

BARCHMANN, H., KINZE, W. und ROTH, N. (Hg.): Aufmerksamkeit und Konzentration im Kindesalter. Berlin

KINZE, W.; BARCHMANN, H. und ETTRICH, K.U. (1985): Möglichkeiten der Therapie von Konzentrationsstörungen im Kindesalter. Psychol. in Erz. und Unterricht 32, 14–20

KINZE, W.; BARCHMANN, H. und ETTRICH, K.U. (1986): Zur Pharmakotherapie von Schulkindern bei Konzentrationsstörungen und Verhaltensauffälligkeiten. In: Z. Klin. Medizin 41, 381–383

KINZE, W.; BARCHMANN, H.; DAMASCHKE, P. und CARUSO, M. (1986): Zur Wertigkeit der »Suturenknochen« bei der Diagnostik der leichten frühkindlichen Hirnschädigung. In: Psychiat. Neurol. med. Psychol. 38, 592–596

KINZE, W.; BARCHMANN, H.; ETTRICH, K.U. und HANDREG, W. (1984): Stimulanzienbehandlung konzentrationsgestörter Kinder. In: Psychologie für die Praxis 4, 322–328

KLEBER, E.W. (1991): Die Vielgeschichtigkeit der Konzentrationsprobleme im pädagogischen Feld und Maßnahmen zur Abhilfe. In: BARCHMANN, H.; KINZE, W. und ROTH, N. (Hg.): Aufmerksamkeit und Konzentration im Kindesalter. Berlin,

KLEBER, E.W. und KLEBER, G. (1974): Differentieller Leistungstest – KE (DL – KE). Göttingen

KLEBER, E.W. und STEIN, R.A. (1993): Konzentrationsprobleme – Fehldiagnose oder Zeitkrankheit? In: Heilpädagogische Forschung, 19, 147–152

KLEIN, L. (1993): Fragebogen zum Hyperkinetischen Syndrom und Therapieleitfaden. Weinheim

KLEINPETER, U. (1979): Folgezustände nach Schädel-Hirn-Traumen im Kindesalter und deren Begutachtung. Leipzig

KNEHR, E. und KRÜGER, K. (1976): Konzentrationsstörungen bei Kindern. Stuttgart

KOCH, I. und PLEISSNER, S. (1984): Das Konzentrations-Handlungs-Verfahren (KHV). Psychodiagnostisches Zentrum, Berlin

KÖSTER, H. (1974): Training von reflexivem Problemlöseverhalten bei kognitiv-impulsiven Vorschulkindern. Diplomarbeit, Bochum

KOSSOW, H. und VEHRESCHILD, TH. (1983): Zum Aufbau eines Konzentrationstrainingsprogramms für konzentrationsgestörte Kinder. Psychiat. Neurol. med. Psychol. 35, 31 –36

KRAMER, J. (1954): Intelligenztest. Solothurn

KRAMER, J. (1972): Kurze Anleitung zum Kramer-Test (4. Aufl.). Solothurn

KRÖNER, B. und LANGENBUSCH, B. (1982): Untersuchung zur Frage der Indikation von autogenem Training bei kindlichen Konzentrationsstörungen. In: Psychotherapie, Psychosomatik, Medizinische Psychologie 32, 157–161

KUBINGER, K.D. und WURST, E. (1985): Adaptives Intelligenzdiagnostikum (AID). Weinheim

KUHLEN, V. (1972): Verhaltenstherapie im Kindesalter. München

KUNZE, CH. (1963): Untersuchungen zur Konzentrationsfähigkeit erfolgreicher und versagender Schulanfänger. Promotion A, Universität Leipzig

KURTH, E. (1967): Beziehungen zwischen Intelligenz und Konzentration. In: KLIX, F.; GUTJAHR, W. und MEHL, J. (Hg.): Intelligenzdiagnostik., Berlin

KURTH, E. (1984): Testreihen zur Prüfung der Konzentrationsfähigkeit von Schülern (TPK). Psychodiagnostisches Zentrum, Berlin

KURTH, E.; KOSSOW, H.-J.; KLEINPETER, U.; SCHULZ, G. (1979): Psychische Leistungsstörungen bei geistig normal entwickelten Schulkindern. In: KLEINPETER, U. und RÖSLER, H.-D. (Hg.): Ergebnisse interdisziplinärer Forschung zum geschädigten Kind. Leipzig

LA FONTAINE, J. (1963): Fabeln. Berlin

LAUTH, G.W. und SCHLOTTKE, P.F. (1991): Diagnostik und Behandlung von Kindern mit Aufmerksamkeitsstörungen und Hyperaktivität. München

LAUTH, G.W. und SCHLOTTKE, P.F. (1995): Training mit aufmerksamkeitsgestörten Kindern. Weinheim

LEITNER, W.G. (1993): Aufmerksamkeit und Konzentration bei Grundschulkindern. Ein aktueller Forschungsbereich der Grundschulpädagogik. In: Forschungsforum 5, 41–45

LEITNER, W.G. (1996): Aufmerksamkeit und Konzentration unter Musik- und Geräuscheinwirkung im Blickfeld neuerer Forschungsergebnisse. Habilitationsschrift. Fakultät für Biowissenschaften, Pharmazie und Psychologie. Universität Leipzig,

LEMPP, R. (1964): Frühkindliche Hirnschädigung und Neurose. Bern

LEONTJEW, A.N. (1973): Probleme der Entwicklung des Psychischen. Frankfurt a.M.

LINNEMANN, S. (1995): Pilotstudie zur Anwendung von Trainings-Programmen bei aufmerksamkeitsgestörten Kindern. Diplomarbeit, Universität Leipzig

LÖWE, H. (1964): Gruppenunterschiede zwischen Persönlichkeitsstrukturen leistungsversagender und leistungsbester Kinder. Probleme und Ergebnisse der Psychologie,9, 33–78,

LUCKERT, H. (1993): Hyperaktivität als Zivilisationsstörung. In: PASSOLT, M. (Hg.): Hyperaktive Kinder: Psychomotorische Therapie. München

LURIA, A.R. (1970): Die höheren kortikalen Funktionen des Menschen und ihre Störung bei örtlicher Hirnschädigung. Berlin

MARTINIUS, J. (1984): Stimulanzien. In: NISSEN, G.; EGGERS, CH. und MARTINIUS, J. (Hg.): Kinder- und jugendpsychiatrische Pharmakotherapie. Heidelberg

MARTINIUS, J. (1984): Hyperkinetische Syndrome. In: NISSEN, G.; EGGERS,

CH. und MARTINIUS, J. (Hg.): Kinder- und jugendpsychiatrische Pharmakotherapie. Heidelberg
MAY, U.; SCHOLZ, K. und SCHULZ, C. (1991): Erprobung eines Konzentrations-Trainingsprogramms für Kinder im Vorschulalter. Wiss. Hausarbeit. Fachbereich Psychologie, Universität Leipzig
MAYER, K. (1996): Untersuchungen zu einem Konzentrations-Trainings-Programm im Vorschulalter. Diss., Universität Leipzig
MEICHENBAUM, D.H. (1979): Kognitive Verhaltensmodifikation. München
MEICHENBAUM, D.H. und GOODMAN, J. (1978): Training impulsive children to talk themselves. A means of developing self-control. Journal of abnormal Psychology, 46
MEYER, G. (1994): Montessori-Pädagogik in ihrer aktuellen Anwendung. Beobachtungen in Cincinnati/Ohio und in Frankfurt (Main), In: KALLERT, H.; ROTHENBURG, E.-M.; ILLERT, C. (Hg.): Außenansichten der Montessori- und Waldorfpädagogik. Frankfurt a.M.
MEYER-PROBST, B. (1984): Enzephalopathie-Fragebogen (EFB). Handanweisung. Psychodiagnostisches Zentrum, Berlin
MEYER-PROBST, B. und TEICHMANN, H. (1984): Risiken für die Persönlichkeitsentwicklung im Kindesalter: Rostocker Längsschnittstudie. Leipzig
MONTESSORI, M. (1968): Grundlagen meiner Pädagogik. Aufsätze zur Anthropologie und Didaktik. Besorgt und eingeleitet von B. Michael. Heidelberg
MORRISON, J.R. und STEWART, M.A. (1971): A family study of the hyperactive childs syndrome. Biol. Psychiat., 3, 189
MROCHEN, S. und KERKHOFF, W. (1994): Störungen der Aufmerksamkeit. In: Motorik, 17, 87–92
MUCHA, K. (1979): Förderung sozialer Handlungskompetenzen bei Kleinkindern. In: Selbstverwirklichung in einer demokratischen Gesellschaft. Grinstadt
NELSON, W. J. und BIRKIMER, J.C. (1978): Role of self-instruction and self-reinforcement in the modification of impulsivity. Journal of Consulting and Clinical Psychology 46
NICKEL, H. (1975): Entwicklungspsychologie des Kindes- und Jugendalters. Band I und II. Stuttgart:
NICKEL, H. und SCHMIDT-DENTER, U. (1990): Vom Kleinkind zum Schulkind. München
NICKEL, H. (1991): Die Entwicklung von Aufmerksamkeit und Konzentration aus ökologisch-systemischer Perspektive. In: BARCHMANN, H.; KINZE, W. und ROTH, N. (Hg.): Aufmerksamkeit und Konzentration im Kindesalter. Berlin
NISSEN, G. (1977) (Hg.): Intelligenz, Lernen und Lernstörungen. Berlin
NISSEN, G. (1987): Was wissen wir über die Therapie unruhiger Kinder? In: LEMPP, R. und SCHIEFELE, H. (Hg.): Ärzte sehen die Schule. Weinheim

PETERMANN, F. und PETERMANN, U. (1982): Erfassungsbogen für aggressives Verhalten in konkreten Situationen (EAS – J, EAS – M). Braunschweig

PETERMANN, F. und PETERMANN, U. (1993 a): Verhaltenstherapie mit Kindern. München

PETERMANN, F. und PETERMANN, U. (1993 b): Training mit aggressiven Kindern: Einzeltraining, Kindergruppe, Elternberatung. München

PETERMANN, F. und WARSCHBURGER, P. (1993): Neue Trends und Ergebnisse in der Kinderverhaltenstherapie: Ursachenforschung und Interventionen, In: PETERMANN, F. (Hg.): Verhaltenstherapie mit Kindern. Themen der 25. Verhaltenstherapiewoche 1992. München

PETERMANN, U. (1992): Training mit sozial unsicheren Vor- und Grundschulkindern. In: Verhaltenstherapie mit Kindern. Themen der 25. Verhaltenstherapiewoche 1992. München

PIAGET, J. (1991): Das Erwachen der Intelligenz beim Kinde. Gesammelte Werke. Stuttgart

PLEISSNER, S. (1967): Das Konzentrations-Handlungs-Verfahren – ein neues Verfahren zur Überprüfung der Konzentrationsfähigkeit im frühen Schulalter. In: KLIX, F.; GUJAHR, W. und MEHL, J. (Hg.): Intelligenzdiagnostik. Berlin

RAPP, G. (1982 a): Konzentrationsschwächen und -störungen. In: HONAL, W. H. (Hg.): Handbuch der Schulberatung

RAPP, G. (1982 b): Aufmerksamkeit und Konzentration. Bad Heilbrunn

RAVEN, J.C. (1965): Coloured Progressive Matrizes (CPM), Lewis, Lon-don

REMSCHMIDT, H.; SCHMIDT, M. (Hg.) (1985–1988): Kinder- und Jugendpsychiatrie in Klinik und Praxis, Band 1–3. Stuttgart

RENNEN-ALLHOFF, B. und ALLHOFF, P. (1987): Entwicklungstests für das Säuglings-, Kleinkind- und Vorschulalter. Berlin

RESCHKE, K. (Hg.) (1994): Zur gesunden Schule unterwegs. Regensburg

ROLLETT, B. (1993): Die integrativen Leistungen des Gehirns und Konzentration: Theoretische Grundlagen und Interventionsprogramme. In: KLAUER, K.J. (Hg.): Kognitives Training. Göttingen

RÖSLER, H.-D. (1980): Zur schulischen Leistungsfähigkeit leicht hirngeschädigter Kinder. In: FRIEDRICH, M.-H. (Hg.): Teilleistungsschwächen und Schule. Bern

RÖSLER, H.-D.; BIECK, H. und TEICHMANN, H. (1976): Zum Problem der Geschlechtsunterschiede in der geistigen Leistungsfähigkeit. Ärztliche Jugendkunde 5, 366–376

RÖSLER, H.-D.; BIELE, H. und LANGE, E. (1988): Diskrepanzen zwischen Schul- und Intelligenzleistungen. Psychologie für die Praxis

ROTH, N.; SCHLOTTKE, P.F. und KLEPEL, H. (1990): Hyperaktive und aufmerksamkeitsgestörte Kinder: Erklärungsansätze, psychophysiologische Korrelate und Behandlungskonzepte. Psychologie, Neurologie, Medizinische Psychologie

SACHSENWEGER, R. und ELSNER-SCHWINTOWSKY, D. (1978): Was siehst du da? Berlin
SACHSENWEGER, R. und SACHSENWEGER, U. (1981): Sehübungen. Leipzig
SAFER, D.J. und ALLEN, R.P. (1976): Hyperactive children – Diagnosis and management. Baltimore
SAILE, H.und GSOTTSCHNEIDER, A. (1995): Hyperaktives Verhalten von Kindern im familiären Kontext. Psychologie in Erziehung und Unterricht, 42, 206–220,
SAILE, H. und KLUESCHE, P. (1994): Zur Therapie hyperaktiver Kinder: Selbstinstruktionstraining und Autogenes Training im Vergleich. Trierer Psychologische Berichte 21, Trier
SAMPSON, J.P. (1986): The Use of Computer-Assisted Instruction in Support of Psychotherapeutic Processes. Computers in Human Behavior, 2, 1–19
SCHARF, G. (1993): Kindern helfen, sich besser zu konzentrieren. In: Grundschulunterricht, 40,19–22
SCHENK, H. (1992): Aggressiv und unaufmerksam – Konflikte in der Grundschule. In: Grundschulmagazin 7, 5–10
SCHIFFLER, L. (1989): Suggestopädie und Superlearning – empirisch geprüft. Frankfurt a. M.
SCHLOTTKE, P.F. (1991): Verhaltens- und Problemanalyse bei Aufmerksamkeitsstörungen im Kindesalter. In: BARCHMANN, H.; KINZE, W. und ROTH, N. (Hg.): Aufmerksamkeit und Konzentration im Kindesalter. Berlin
SCHLOTTKE, P.F. und LAUTH, G.W. (1992): Therapie bei aufmerksamkeitsgestörten Kindern. In: Lehren und Lernen, 18,1–15
SCHMIDT, B. (1991): Klinische Effektivitätsprüfung von Konzentrations- und Entspannungstraining bei jungen Schulkindern. Diss., Universität Leipzig
SCHMIDTCHEN, (1980): Indikation in der Kinderpsychotherapie. In: Klinische Psychologie und Psychotherapie, Bd. 2. Kongreßbericht DGVT und GWG, Tübingen und Köln
SCHUHMANN, U. (1995): Konzentrationstraining im Vorschulalter – eine Möglichkeit zur Verbesserung des Erreichens der allgemeinen Schulreife. Diplomarbeit, Institute für Psychologie. Universität Leipzig
SCHWEIZER, CH. und PREKOP, I. (1991): Was unsere Kinder unruhig macht. Stuttgart
SKINNER, B. F. (1953): Science and human behavior. New York
SPIEL, W. (1977): Neurotische Lernstörungen und ihre Behandlung. In: NISSEN, G. (Hg.): Intelligenz, Lernen und Lernstörungen. Berlin
SPIEL, W. und SPIEL, G. (1987): Kompendium der Kinder- und Jugendpsychiatrie. München
SPIEL, G. und ZSIFFKOVITS, CH. (1991): Zur Diagnostik wahrnehmungsabhängiger Aufmerksamkeitsleistungen. In: BARCHMANN, H.; KINZE, W.

und ROTH, N. (Hg.): Aufmerksamkeit und Konzentration im Kindesalter. Berlin

STEINHAUSEN, H.-C. (Hg.) (1982): Das konzentrationsgestörte und hyperaktive Kind. Stuttgart

STEINHAUSEN, H.-C. (1988): Psychische Störungen bei Kindern und Jugendlichen. Lehrbuch der Kinder- und Jugendpsychiatrie. München

STEINHAUSEN, H.-C. (Hg.) (1995): Hyperkinetische Störungen im Kindes- und Jugendalter. Stuttgart

SVANSON, J.M. und KLINSBOURNE, M. (1976): Stimulant-related state-dependent learning in hyperactive children. Science 192, 1754–1756.

TEWES, U. (1983): HAWIK-R. Hamburg-Wechsler-Intelligenztest für Kinder. Revision. Bern

TROTT, G.E. (1993): Das hyperkinetische Syndrom und seine medikamentöse Behandlung. Leipzig

WAESSER, S.; ETTRICH, K.U.; BUEHRDEL, P.; BUSTIAN, D.; BUSTIAN, U.; GRAUSTEIN, I. und THEILE, H. (1994): Konzentrationstraining bei phenylketonurischen Kinder. Kindheit und Entwicklung 3, 117–122

WAGNER, I. (1976): Aufmerksamkeitstraining mit impulsiven Kindern. Stuttgart

WAGNER, I. (1981): Therapie-orientierte Diagnostik schulrelevanter Aufmerksamkeit. In: BOMMERT, H. und HOCKEL, M. (Hg.): Therapie-orientierte Diagnostik. Stuttgart,147–169

WAGNER, I. (1991): Entwicklungspsychologische Grundlagen. In: BARCHMANN, H.; KINZE, W. und ROTH, N. (Hg.): Aufmerksamkeit und Konzentration im Kindesalter. Berlin

WAGNER, I. (1992): Konzentrationstraining bei impulsiven und »trödelnden« Kindern. In: STEINHAUSEN, H.-C. (Hg.): Das konzentrationsgestörte und hyperaktive Kind – Ergebnisse aus Klinik und Forschung. Stuttgart

WAGNER, I. (1994): Aufmerksamkeitsstörungen – Bewältigung und Therapie. In: CZERWENKA, K. (Hg.): Das hyperaktive Kind. Ursachenforschung-Pädagogische Ansätze – Didaktische Konzepte. Weinheim

WAGNER, I. (1996): Die psychologischen Bedingungen von Aufmerksamkeit und Konzentration bei Kindern im Grundschulalter. In: BARTMANN, T. und ULONSKA, H. (Hg.): Kinder in der Grundschule. Anthropologische Grundlagenforschung. Bad Heilbrunn

WAGNER, K.-D. (1977): Störungen der Konzentrationsfähigkeit im Schulalter. Z. ärztl. Fortbildung 61, 921–924

WENDER, P.H. (1971): Minimal Brain Dysfunction in children. Wiley Interscience, New York

WESTHOFF, K. (1991): Das Akku-Modell der Konzentration. In: BARCHMANN, H.; KINZE, W. und ROTH, N. (Hg.): Aufmerksamkeit und Konzentration im Kindesalter. Berlin

WESTHOFF, K. (1993): Zur Übbarkeit konzentrierten Arbeitens. In: KLAUER, J. (Hg.): Kognitives Training. Göttingen

WESTHOFF, K. (1994): Aufmerksamkeit und Konzentration. In: AMELANG, M. (Hg.): Bereiche/Dimensionen individueller Differenzen. Göttingen

WESTHOFF, K. und KLUCK, M.-L. (1984): Ansätze einer Theorie konzentrativer Leistungen. Diagnostica 30, 167–183

WESTHOFF, K.; RÜTTER, C. und BORGGREFE, C. (1990): Hilfen bei Konzentrationsproblemen in den Klassen 5 bis 10. Dortmund

WHO (1975): Internationale Statistische Klassifikation der Krankheiten, Verletzungen und Todesursachen (IKK) der Weltgesundheitsorganisation (WHO), 9. Revision. Berlin

WILLERMANN, L. (1973): Activity level and hyperactivity in twins. Child Development, 44, 288

WINNNECKE, G.; COLLET, W.; KRÄMER, U.; BROCKHAUS, A.; EWERT, T.; KRAUSE, C. (1989): Followup studies in lead exposed children, In: SMITH, M.; GRANT, L.; SORS, A.: Lead exposure and child development: An international Assesment. Dordrecht

WITTCHEN, H.-U.; SASS, H., ZAUDIG, M. und KOEHLER, K. (1987): Diagnostisches und Statistisches Manual Psychischer Störungen, DSM-III-R, Revision. Weinheim

WOHLSCHLÄGER, H. (1988): Schulberatung. In: HORNAL, W. H. (Hg.): Handbuch der Schulberatung. München-Landsberg

ZAMETKIN, A.J.; NORDAHL, T.E.; GROSS, M.; KING, A.C.; SEMPLE, W.E.; RUMSEY, J.; HAMBURGER, S.; COHEN, R.M. (1990): Cerebral glucose metabolism in adults with hyperactivity of childhood onset. National Institute of mental Health, Bethseda, N. Engl. Journal of Medicin, 323, 1361–1366

Erziehungs- und Familienberatung

Annette Schröder
ADS in der Schule
Handreichungen für Lehrerinnen und Lehrer
2004. Ca. 120 Seiten, Broschur
ISBN 3-525-49079-8

Peter Altherr / Suzette Everling / Annette Schröder / Erika Tittmann
ADS in der Schule
2004. DVD mit Booklet
ISBN 3-525-49072-0

Peter Subkowski (Hg.)
Aggression und Autoaggression bei Kindern und Jugendlichen
2002. 175 Seiten mit 5 Abbildungen und 4 Tabellen, kartoniert
ISBN 3-525-46165-8

Volker Bernius / Mareile Gilles (Hg.)
Hörspaß
Über Hörclubs an Grundschulen
Edition Zuhören, Band 2.
2004. 180 Seiten mit zahlreichen Abbildungen und 2 CDs, im Ringordner
ISBN 3-525-48001-6

Britta Zander / Michael Knorr (Hg.)
Systemische Praxis der Erziehungs- und Familienberatung
Mit einem Vorwort von Helm Stierlin.
2003. 212 Seiten mit 6 Abbildungen und 1 Tabelle, kartoniert
ISBN 3-525-46161-5

Haim Omer / Arist von Schlippe
Autorität ohne Gewalt
Coaching für Eltern von Kindern mit Verhaltensproblemen.
„Elterliche Präsenz" als systemisches Konzept
Mit einem Vorwort von Reinmar du Bois. 3. Auflage 2004. 214 Seiten, Paperback. ISBN 3-525-01470-8

Haim Omer / Arist von Schlippe
Autorität durch Beziehung
Die Praxis des gewaltlosen Widerstands in der Erziehung
2004. 262 Seiten mit 5 Abbildungen, kartoniert. ISBN 3-525-49077-1